Knaur

Von den Autoren Claus-Peter Hutter und Lutz Ribbe
(zusammen mit Volker Angres) sind außerdem erschienen:

Futter fürs Volk – was die Lebensmittelindustrie uns auftischt
Bananen für Brüssel. Europa – wie unsere Steuern vergeudet werden

Von Claus-Peter Hutter ist bei Knaur erschienen:

Ja, wie sieht's denn hier aus? – Lieschen Müller erklärt die Welt

Über die Autoren:

Claus-Peter Hutter, Jahrgang 1955, Dipl.-Verwaltungswirt, Präsident der Stiftung Europäisches Naturerbe (EURONATUR ®); der vielfache Autor leitet hauptberuflich die Akademie für Natur- und Umweltschutz Baden-Württemberg.

Traugott Markert, Jahrgang 1962, Diplom-Geograf, freier Journalist und Autor, seit 1990 in der Umweltredaktion des ZDF für die Sendungen »ZDF. Umwelt« und »Unser Universum« (arte) tätig.

Lutz Ribbe, Jahrgang 1957, Dipl.-Ingenieur der Fachrichtung Landschaftsökologie, Direktor der Umweltpolitischen Abteilung von EURONATUR ® und seit 1998 Mitglied im Wirtschafts- und Sozialausschuss der EU.

Claus-Peter Hutter

Traugott Markert

Lutz Ribbe

Das Bahnhasser-Buch

Das Leben in vollen Zügen genießen

Knaur

Besuchen Sie uns im Internet:
www.knaur.de

Originalausgabe 2003

Ein Unternehmen der Droemerschen Verlagsanstalt
Th. Knaur Nachf. GmbH & Co. KG, München

Redaktion: Jürgen Bolz
Umschlaggestaltung: ZERO Werbeagentur, München
Umschlagabbildung: FinePic, München
Satz: Ventura Publisher im Verlag
Druck und Bindung: Clausen & Bosse, Leck
Printed in Germany
ISBN 3-426-77702-9

2 4 5 3 1

All jenen frustrierten Bahnreisenden gewidmet,
die sich nicht alles gefallen lassen.

Das aktuelle Forum für Bahnhasser:

www.bahn-hasser.de
www.bahnhasserbuch.de

Machen Sie Ihrem Ärger Luft, sagen Sie Ihre Meinung!

Inhalt

Vorwort 11

Vom Versuch, eine Auskunft zu erhalten
Der verzweifelte Dialog mit Frau Computer 13

»Wir bitten um Ihr Verständnis ...«
Aus dem verrückten Bahn-Leben
eines normalen Pendlers 26

»Immer dieser Ärger!«
Lieschen Müller und die Bahn – Teil I 41

Ein Verkehrsnetz verschwindet
Statistik – Teil I 47

Gut Ding will Weile haben
Ein kleines Bahnwunder 49

Die Kunden kommen wieder
Erfolg durch modernisierte
und reaktivierte Strecken 55

Preisdschungel
Ein Salto rückwärts mit Folgen 59

Best of DB
Es gibt noch Hoffnung 63

»Jetzt muss ich mal!«
Lieschen Müller und die Bahn – Teil II 66

Absicht oder Zufall?
Es kommt immer darauf an, wo man etwas sagt 69

Was tun, wenn nichts klappt?
Von Kundenrechten und Beförderungsbedingungen 70

Freund oder Feind?
Der Fahrgastverband Pro Bahn /
von Rainer Engel, Pro Bahn 78

Auf der Suche nach der verlorenen Zeit
Kein Roman, sondern die harte Wirklichkeit 91

Alles hat seinen Preis
Wie die Bahn Kulanz buchstabiert 97

»So eine Sauerei!«
Lieschen Müller und die Bahn – Teil III 100

Ende einer Dienstfahrt
Ein Staatssekretär auf der schiefen Bahn? 102

Stromausfall im Stellwerk
Die besten Ausreden der Bahn 109

Alles doppelt und doch falsch
Vom Unfehlbarkeitsdogma der Bahn 113

Aus Freude am Fahren
Das Protokoll einer reiseintensiven Woche 117

»Kontrolle muss sein!«
Lieschen Müller und die Bahn – Teil IV 130

Von der Reiselust zum Bahnfrust
Eine nicht ganz objektive Bahngeschichte 132

Auto statt Bahn
Statistik – Teil II 146

Schöne neue Bahn-Welt
Der Verkehrsclub Deutschland (VCD) wagt einen Blick

in die Zukunft / von Dr. Felix Berschin, Vorsitzender des VCD Landesverbandes Baden-Württemberg 148

Geschenkt
Von Hoffnungen und Milchmädchenrechnungen 154

Dampf ablassen
Eine Hilfestellung 163

Achtung, Geisterfahrer!
Wenn ein Zug aufs falsche Gleis gerät 167

»Was soll der Qualm?«
Lieschen Müller und die Bahn – Teil V 170

Hauptsache voll
Reisegruppen als Lückenfüller 172

Was halten Sie von der Bahn?
Stimmen enttäuschter Bahnkunden 177

Was wir schon immer vom Bahnchef wissen wollten
Zwanzig Fragen an Hartmut Mehdorn 180

Nix deutsche Sprach
Ein alltägliches Erlebnis mit öffentlichen Verkehrsmitteln 188

Zu guter Letzt: Odyssee 2002
Eine Abenteuerreise von München nach Den Haag 190

Nachwort 197

Dank 199

Vorwort

Verspätungen ohne Ende, unzuverlässige Auskünfte, Online-Buchungsprogramme, die viel zu oft versagen, verrückt gewordene Computer, die so programmiert sind, dass auch die geduldigsten Kunden die Nerven verlieren, wenn sie mal eine Auskunft brauchen, überfüllte Züge, verschlossene Toiletten, verschmutzte Sitze und Abteile: Dies und noch viel mehr lässt den Schluss zu, dass die *Deutsche Bahn AG* ihre Kunden nicht schätzt. Denn mit dem, was man schätzt, geht man anders um. Zwar ist das jetzt schon wieder alte, für acht Monate »neue Preissystem« vom Tisch und ein neues System eingeführt. Doch damit sind viele andere Missstände nicht abgestellt. Im Gegenteil: Viele Fragen bleiben offen.

Recherchen von *Bild am Sonntag* in acht deutschen Großstadt-Bahnhöfen, bei denen die Fahrpreise für die Strecken von Düsseldorf nach Frankfurt und Stuttgart und von Stuttgart nach Westerland/Sylt erfragt wurden, haben ergeben, dass die Preise für neunundfünfzig Prozent der Fahrkarten überteuert waren, weil nur relativ teure ICE-Strecken angeboten wurden und auf andere Zugverbindungen gar nicht eingegangen wurde, obwohl manche dieser Verbindungen oftmals nicht wesentlich mehr Zeit in Anspruch nehmen.

Während der Arbeit an diesem Buch sind wir auf unglaubliche Geschichten gestoßen, die wir gern weitererzählen. Es sind Geschichten einer vielfach gescheiterten Beziehung zwischen der Bahn und ihren Kunden. Wobei angemerkt werden muss, dass es nicht nur die *Deutsche Bahn AG* gibt, sondern mittlerweile viele Bahngesellschaften, die in der Regel nur regional tätig sind. Und auch bei denen ist nicht immer alles in Ordnung. So viel Fairness muss sein. Doch machen Sie sich selbst ein Bild von dem, was sich täglich tausendfach ereignet. Die Erlebnisse und Erfahrungen, von denen dieses Buch berichtet, stehen stellvertretend für viele gleichartige Fälle, welche die Kunden der Bahn als ganz normalen Wahnsinn tagtäglich hinnehmen müssen.

Dieses Buch erhebt weder den Anspruch auf Wissenschaftlichkeit noch darauf, vollständig zu sein. Die hier beschriebenen Geschichten sind viel eher schlaglichtartige Momentaufnahmen und Kommentare, welche die Erlebnisse und Empfindungen vieler Bahnreisenden sowie die Eindrücke der Autoren widerspiegeln.

Vom Versuch, eine Auskunft zu erhalten

Der verzweifelte Dialog mit Frau Computer

Eines muss man ihr lassen, der *Deutschen Bahn AG* oder vielmehr denen, die dort Verantwortung tragen; man gibt sich modern und zukunftsorientiert, zumindest was den technischen Standard anbelangt. Da fehlt es beileibe nicht an Ansprechadressen, Servicenummern und computergestützten Hilfs-Angeboten. Geht es also um die theoretischen Auskunfts- und Orientierungsmöglichkeiten, so sind wir – Privat- und Geschäftsreisende gleichermaßen – bei der Deutschen Bahn bestens aufgehoben. Theoretisch, wie gesagt. Doch beginnen wir von vorn und erzählen vom ganz normalen Wahnsinn, der unsereinen heimsucht, wenn wir versuchen, eine schlichte Auskunft über eine Bahnverbindung von Deutschland nach Italien zu erhalten.

Halten wir zuvor kurz inne und blicken ein paar Jahre zurück. Die älteren unter unseren verehrten Leserinnen und Lesern werden sich noch gut an diese Zeit erinnern. Wollte man in Erfahrung bringen, wie man für eine längere Reise am besten von A nach B kommt, so ging man einfach zum nächsten Bahnhof und erkundigte sich am Schalter bei einem freundlichen Herrn, den der Volksmund kurz »Schaffner« nannte, nach den besten Reisemöglichkeiten. Überall hatte man binnen kurzem Abfahrts- und Ankunftszeiten, Fahrstrecke und Umsteige-Bahnhöfe auf einem Zettel stehen. Und das Wichtigste: Auf diese Auskünfte war Verlass. Doch viele der Bahnhöfe, auf denen es damals noch Toiletten und saubere Sitzbänke gab, sind verschwunden – sie wurden zu Haltestellen mit betonklotzähnlichen Wartehäuschen degradiert oder gänzlich abgerissen.

Dafür gibt es heute Computer und Telefon, mit deren Hilfe man von Zuhause aus Anschluss an die große weite Welt hat. So dachten auch Carolyn H. und ihre Freundin Stephanie M. – die beiden hatten gerade das Abitur hinter sich gebracht, und die Freude war groß. Zwar bestand bei keiner der beiden je die Gefahr, das Abitur nicht zu bestehen. Aber der moderne Mensch braucht eben seine Rituale, und so beschlossen sie spontan, nach der bestandenen Reifeprüfung eine gemeinsame Urlaubsreise zu machen. Nach Italien sollte es gehen, wo Carolyn und Stephanie schon mal ein Praktikum in einer kleinen Stadt im Piemont, das bei uns für seine guten Weine bekannt ist, absolviert hatten. Nun haben beide längst dank Führerschein und Auto die scheinbar neue Freiheit und persönliche Mobilität kennen gelernt. Und so wäre es ein Leichtes gewesen, mit dem eigenen Wagen über die Alpen gen Süden zu reisen. Doch die Vernunft siegte, und die beiden Freundinnen beschlossen kurzerhand, umweltfreundlich und gemütlich mit der Bahn von Stuttgart aus nach Asti im Piemont zu fahren. Weil Vorfreude bekanntlich die schönste Freude ist, ging es auch gleich an die konkrete Planung. Wann fahren wir los? Und wie lange dauert die Reise? Vor Ort – in Italien – gibt es zum Glück Ilaria, die stets freundliche Restaurant- und Hotelbesitzerin, welche die jungen Damen vom Bahnhof abholen wird, um zum eigentlichen, rund zwanzig Kilometer entfernten Zielort im Herzen Piemonts zu kommen. Doch bis dahin sollte es noch ein langer, langer Weg sein.

Protokoll des ganz normalen Wahnsinns

Es war an einem Freitag. Nein: nicht Freitag, der Dreizehnte, sondern ein völlig normaler Werktag. Und so hätte eigentlich alles ganz normal laufen können. Eigentlich.

1. Anruf beim nächstgelegenen Bahn-Reisezentrum in Ludwigsburg. Beim ersten Versuch waren die Abiturientinnen noch ganz zuversichtlich. Beim zweiten Mal auch noch. Beim dritten Versuch kamen erste Zweifel auf, denn auch diesmal wurde das Telefon nicht abgenommen. Warum, so fragt man sich, gibt es ein Reisezentrum, wenn dort keine Auskünfte erteilt werden? Doch die beiden gaben nicht auf. Auch nach dem sechsten Versuch und endlos strapazierter Geduld war dem Bemühen kein Erfolg beschieden. Leicht enttäuscht, aber dennoch hoffnungsvoll gönnten sich die Freundinnen erst einmal einen Cappuccino. Man hat sich ja so viel zu erzählen. Eine Viertelstunde später: drei weitere Versuche. Doch im Reisezentrum meldet sich niemand. Vielleicht ist es Ihnen, liebe Leserin, lieber Leser, auch schon so ergangen und Sie fragten sich, warum denn die Deutsche Bahn Gebühren für Ihre Telefonanschlüsse an die Deutsche Telekom oder wen auch immer bezahlt, wenn es sich um Anschlüsse handelt, die den Kunden nichts nützen, weil sie von den Angestellten der Bahn nicht bedient werden oder nicht bedient werden dürfen.
2. Was also liegt näher, als bei einem Bahnhof – der zwar über kein Reisezentrum verfügt, dafür aber quasi um die Ecke liegt – anzurufen. Immerhin findet sich im Telefonbuch eine Telefonnummer für den Bahnhof in Marbach am Neckar. Doch die Freude war nur kurz, denn nach dem Anruf heißt es am anderen Ende der Leitung nur lapidar: »Kein Anschluss unter dieser Nummer.« Hat die Deutsche Bahn diesen Telefonanschluss in der Schillerstadt wegrationalisiert? Warum steht er dann noch im Telefonbuch? Fragen über Fragen ... und noch immer keine Auskunft.
3. Carolyn und Steffi starten einen neuen Versuch in Ludwigsburg. Vielleicht klappt es ja dieses Mal! Und tatsäch-

lich: Der Anschluss ist belegt. Hoffnung keimt auf. Also muss ja doch jemand da sein. Drei Minuten später ein erneuter Versuch, das Reisezentrum der Deutschen Bahn in Ludwigsburg zu erreichen. Doch wieder nimmt niemand ab.

4. Erneut wird das Telefonbuch gewälzt. Vielleicht hat man ja doch selbst einen Fehler gemacht und irgendetwas übersehen. Tatsächlich findet Steffi die Nummer 0180/5996633. Hier bekommt man laut Telefonbuch Fahrplanauskünfte. Doch weit gefehlt. Eine Auskunft gibt's noch lange nicht. Denn es meldet sich eine Computerstimme. Die virtuelle Mitarbeiterin der Bahn weist – durchaus höflich – darauf hin, dass es diese Nummer jetzt nicht mehr gibt und die neue Nummer der Bahn-Auskunft jetzt 11861 lautet. Doch dann, immer noch durch die freundliche Computerstimme vermittelt, kommt der dezente Hinweis, dass bei einem Anruf auf dieser Nummer sechzig Cent pro Minute fällig sind. Aha, da haben wir's. Die Bahn will ja kostendeckend arbeiten und bietet ihren Kunden gar keinen richtigen kostenlosen Auskunftsservice mehr an! Stattdessen soll jetzt Kasse gemacht werden. Und das bei Kunden, die ja schon die Fahrkarten – nein, heute heißen die Dinger ja Tickets – teuer bezahlen müssen. Vielleicht hat deshalb im Reisezentrum niemand abgenommen, so die Schlussfolgerung von Carolyn und Steffi. Nur so landen die Leute irgendwann bei der kostenpflichtigen Auskunft und sorgen für Umsätze. Nein, das wollten die sparsamen Freundinnen dann doch nicht. »Das ist ja so, als würde im Klamottenladen die Auskunft über Kleidergrößen oder lieferbare Blusen etwas kosten«, klagt Steffi, »oder die Reservierung in einer Pizzeria!« Ein schlechter Scherz. Also starten die beiden einen neuen Versuch. Sie rufen nochmals die Fahrplanauskunft unter

der im Telefonbuch angegebenen Nummer an. Dort wird von der Computerstimme tatsächlich noch eine zweite Nummer genannt, die 0800/1507090.

5. Die beiden lassen sich nicht entmutigen; jetzt hat sie das Auskunfts-Jagdfieber gepackt. »So schnell gibt man nicht auf, sagt mein Opa immer«, meint Carolyn. Tatsächlich meldet sich bei dieser offensichtlich kostenlosen Nummer schon bald eine ebenfalls freundliche Computerstimme. Das muss man nun der Deutschen Bahn lassen: Die digitalisierte Auskunft klingt weder abgehackt noch blechern, wie wir dies aus Kultfilmen wie Raumschiff Orion, Raumschiff Enterprise oder gar Star-Wars gewohnt sind. Fast echt hört sich die Stimme an – würde sie nur besser verstehen und nicht immer dasselbe wiederholen. Wir haben das Ganze für Sie aufgezeichnet; lesen Sie selbst:

Fahrplanauskunft:	Herzlich willkommen beim Reiseservice der Deutschen Bahn. Unter dieser Rufnummer erhalten Sie eine kostenlose Fahrplanauskunft. Wir bitten Sie, deutlich zu sprechen, um Missverständnisse bei der Spracherkennung zu vermeiden. Wenn Sie schon mit dem System vertraut sind, sagen Sie »Weiter«. Zur Abfrage von Informationen zur Bedienung des Systems sagen Sie bitte »Information«.
Anruferin:	Information.
Fahrplanauskunft:	Mit dem Sprachdialogsystem der Deutschen Bahn haben Sie die Möglichkeit, sich über Zugverbindungen zwischen Bahnhöfen in Deutschland sowie den größten europäischen Städten zu

informieren. Sie können an jeder Stelle des Dialogs, an der Sie zu einer Eingabe aufgefordert werden, Hilfen anfordern, indem Sie »Hilfe« sagen. Um eine Ansage zu wiederholen, sagen Sie »Wiederholen«. Inländische Bahnhöfe geben Sie bitte vollständig an, z. B. Frankfurt am Main Hauptbahnhof. Bei internationalen Bahnhöfen nennen Sie bitte zunächst nur das Land und warten weitere Hinweise ab. Bitte nennen Sie Ihren Abfahrtsbahnhof.

Anruferin: Stuttgart Hauptbahnhof.

Fahrplanauskunft: Ich habe Sie leider nicht verstanden. Bei internationalen Bahnhöfen nennen Sie bitte zunächst nur das Land und warten weitere Hinweise ab. Bitte geben Sie inländische Bahnhöfe nach der Aufforderung vollständig an, z. B. Frankfurt am Main Hauptbahnhof. Bitte nennen Sie Ihren Abfahrtsbahnhof.

Anruferin: Stuttgart Hauptbahnhof.

Fahrplanauskunft: Bitte nennen Sie Ihren Zielbahnhof.

Anruferin: Italien.

Fahrplanauskunft: Sie möchten also nach Italien fahren?

Anruferin: Ja.

Fahrplanauskunft: Zu welchem Bahnhof in Italien möchten Sie fahren?

Anruferin: Asti.

Fahrplanauskunft: Sie möchten also nach Alassio fahren?

Anruferin: Nein.

Fahrplanauskunft: Zu welchem Bahnhof in Italien möchten Sie fahren?

Anruferin: Asti.

Fahrplanauskunft: Sie möchten also nach Bari Centrale fahren?

Anruferin: Nein.

Fahrplanauskunft: Zu welchem Bahnhof in Italien möchten Sie fahren?

Anruferin: Asti.

Fahrplanauskunft: Sie möchten also nach Pisa Hauptbahnhof fahren?

Anruferin: Nein.

Fahrplanauskunft: Zu welchem Bahnhof in Italien möchten Sie fahren?

Anruferin: Asti.

Fahrplanauskunft: Leider habe ich Sie nicht verstanden. Bitte nennen Sie den vollständigen Bahnhofsnamen nach der Aufforderung. Zu welchem Bahnhof in Italien möchten Sie fahren?

Anruferin: Asti.

Fahrplanauskunft: Leider habe ich Sie immer noch nicht verstanden. Sagen Sie den vollständigen Bahnhofsnamen nach der Aufforderung. Zu welchem Bahnhof in Italien möchten Sie fahren?

Carolyn schaltet jetzt schnell und nennt den nächstgrößeren Bahnhof: Voghera.

Fahrplanauskunft: Sie möchten also nach Perugia fahren?

Anruferin: Nein.

Fahrplanauskunft: Zu welchem Bahnhof in Italien möchten Sie fahren?

Anruferin: Voghera.

Fahrplanauskunft: Sie möchten also nach Foggia fahren?

Anruferin: Nein.

Fahrplanauskunft: Zu welchem Bahnhof in Italien möchten Sie fahren?
Anruferin: Voghera.
Fahrplanauskunft: Leider habe ich Sie nicht verstanden. Bitte nennen Sie den vollständigen Bahnhofsnamen nach der Aufforderung. Zu welchem Bahnhof in Italien möchten Sie fahren?

Also wieder nix. Carolyn denkt sich jetzt blitzschnell, dass Frau Bahn-Computer ja wenigstens Mailand kennen müsste: Mailand Hauptbahnhof.

Fahrplanauskunft: Sie möchten also von Stuttgart Hauptbahnhof nach Mailand Hauptbahnhof fahren?
Anruferin: Ja.
Fahrplanauskunft: Wählen Sie jetzt die Art der Verbindungssuche und sagen Sie »Abfahrtszeit« oder »Ankunftszeit«.
Anruferin: Abfahrtszeit.
Fahrplanauskunft: An welchem Tag möchten Sie abfahren?
Anruferin: 10. Juni.
Fahrplanauskunft: Sie möchten also am 10. Juni abfahren?
Anruferin: Ja.
Fahrplanauskunft: Um welche Uhrzeit möchten Sie abfahren?
Anruferin: 7.00 Uhr.
Fahrplanauskunft: Sie möchten also um 7.00 Uhr morgens abfahren?
Anruferin: Ja.
Fahrplanauskunft: Es gibt die folgende Verbindung: Am 10. Juni um 8.04 Uhr morgens von

Stuttgart Hauptbahnhof. Ankunft in Mailand Hauptbahnhof um 15.35 Uhr. Zu dieser Zugverbindung gibt es einen Umstieg. Möchten Sie diesen angesagt bekommen?

Anruferin: Ja.

Fahrplanauskunft: Am 10. Juni mit ICE 181 um 8.04 Uhr morgens von Stuttgart Hauptbahnhof. Ankunft in Zürich Hauptbahnhof um 10.50 Uhr vormittags. Umsteigen in IC 383, weiter um 11.07 Uhr vormittags. Ankunft in Mailand Hauptbahnhof um 15.35 Uhr. Bitte wählen Sie jetzt aus: »Wiederholen«, »Früher«, »Später« oder »Weiter«.

Anruferin: Früher.

Fahrplanauskunft: Ein früherer Zug fährt am 10. Juni um 5.46 Uhr frühmorgens von Stuttgart Hauptbahnhof. Ankunft in Mailand Hauptbahnhof um 14.35 Uhr. Zu dieser Zugverbindung gibt es zwei Umstiege. Möchten Sie diese angesagt bekommen?

Anruferin: Ja.

Fahrplanauskunft: Am 10. Juni mit IC 166 um 5.46 Uhr frühmorgens von Stuttgart Hauptbahnhof. Ankunft in Karlsruhe Hauptbahnhof um 6.46 Uhr morgens. Umsteigen in IC 5, weiter um 6.59 Uhr morgens. Ankunft in Basel SBB um 8.46 Uhr morgens. Umsteigen in IC 345, weiter um 9.10 Uhr morgens. Ankunft in Mailand Hauptbahnhof um

	14.35 Uhr. Bitte wählen Sie jetzt aus: »Wiederholen«, »Früher«, »Später« oder »Weiter«.
Anruferin:	Weiter.
Fahrplanauskunft:	Bitte wählen Sie eine der folgenden Möglichkeiten: »Rückfahrt suchen«, »Zeit eingeben«, »Verbindung suchen», »Buchung und Kauf« oder »Ende«.
Anruferin:	Verbindung suchen.
Fahrplanauskunft:	Bitte nennen Sie Ihren Abfahrtsbahnhof.
Anruferin:	Stuttgart Hauptbahnhof.
Fahrplanauskunft:	Bitte nennen Sie Ihren Zielbahnhof.
Anruferin:	Italien.
Fahrplanauskunft:	Sie möchten also nach Italien fahren?
Anruferin:	Ja.
Fahrplanauskunft:	Zu welchem Bahnhof in Italien möchten Sie fahren?
Anruferin:	Voghera.
Fahrplanauskunft:	Sie möchten also nach Foggia fahren?
Anruferin:	Nein.
Fahrplanauskunft:	Zu welchem Bahnhof in Italien möchten Sie fahren?
Anruferin:	Voghera.
Fahrplanauskunft:	Sie möchten also nach Modena fahren?
Anruferin:	Neeiiin!
Fahrplanauskunft:	Zu welchem Bahnhof in Italien möchten Sie fahren?
Anruferin:	V-O-G-H-E-R-A!
Fahrplanauskunft:	Leider habe ich Sie nicht verstanden ...

Gesprächsdauer: sechs Minuten und fünfundzwanzig Sekunden.

Wollen Sie sich auch einmal mit Frau Bahn-Computer – der digitalisierten Auskunft der Deutschen Bahn – unterhalten? Vielleicht haben Sie ja Glück und erhalten eine befriedigende Auskunft. Hier noch einmal die Nummer: 0800/1507090.

6. Jetzt haben die beiden reiselustigen Freundinnen wenigstens eine Auskunft bis Mailand; doch eine Fahrkarte bis Mailand nützt ja wenig, wenn man letztlich nach Asti will. Wer dreizehn Jahre Schule durchgestanden hat, hat auch gelernt, sich in Geduld zu üben, und so geben die beiden noch immer nicht auf. Sie rufen bei der telefonischen Auskunft 11833 an und fragen nach einer eventuellen neuen Nummer für den Bahnhof in Marbach. Denn dort kennt man sich ja aus. Doch die Auskunft findet keinen Eintrag des Bahnhofs Marbach, obwohl der ja im Telefonbuch steht. Aber es wird immerhin die Nummer des Hauptbahnhofes in Stuttgart im dortigen Reisezentrum angeboten.
7. Spontan – immerhin sind jetzt schon bald eineinhalb Stunden vergangen – rufen die beiden in Stuttgart an. Auf die Information, dass man im Juni mit dem Zug nach Italien fahren möchte und dafür ein paar Informationen zum Fahrplan und möglichst auch zum Preis braucht, erhalten sie die Auskunft, dass man dafür im Reisezentrum nicht zuständig sei. Stattdessen wird auf die Telefonauskunft 11861 verwiesen. »11861?«, entgegnet Steffi spontan, »das ist doch die Nummer, die uns schon mal gegeben wurde und die mit sechzig Cent pro Minute gebührenpflichtig ist.«
   Ja, liebe Leserin, lieber Leser, Sie lesen immer noch richtig: So ist das Leben – auch wenn es wie eine Satire klingt. Kennen Sie vielleicht noch das uralte Lied, das vor einiger Zeit neu aufgelegt wurde? »Ein Loch ist im Eimer, Karl-

Otto, Karl-Otto, ein Loch ...« In den sechziger Jahren nahm es in absurder Weise die Monotonie des Alltags aufs Korn.

8. Nun haben die beiden Freundinnen sich in den vergangenen Jahren auch intensiv mit Mathematik beschäftigen müssen und dabei rechnen gelernt. Sie überlegen, ob sie mit der S-Bahn ins Reisezentrum nach Stuttgart fahren oder doch in den sauren Apfel beißen und bei der gebührenpflichtigen Nummer 11861 – auch wenn ihnen der Preis unverschämt hoch vorkommt – anrufen sollen.
9. Die beiden überwinden sich und rufen die 11861 an. Doch der Mensch am anderen Ende der Leitung erklärt sich für nicht zuständig und meint: »Einen Moment bitte, ich leite Sie weiter zur Reiseabteilung.« Einige Sekunden warten; der Gebührenzähler läuft. Dann meldet sich die Reiseabteilung. Auf die Frage, welche Verbindungen man am besten nach Asti in Italien nimmt und was denn eine Fahrkarte kostet, kommt die recht spontane Auskunft, dass man da nicht zuständig sei. »Einen Moment bitte, ich verbinde Sie mit der Auslandsabteilung.«
10. Wieder warten; der Gebührenzähler läuft langsam heiß.
11. Schließlich landen die beiden in der Auslandsabteilung der gebührenpflichtigen Auskunft. Carolyn erklärt: »Wir wollen mit dem CIS Alpino von Stuttgart nach Italien fahren ...« Auf die präzise Frage wird jedoch lediglich die Fahrt mit dem ICE (was auf dieser Strecke umständlicher ist) angeboten. Doch es kommt noch schlimmer. Der Herr in der Auslandsabteilung weiß gar nicht, ob dieser ICE gleichzeitig der CIS Alpino ist oder nicht. Die beiden Freundinnen nennen schließlich genervt alle ihnen bekannten Umsteigebahnhöfe – nämlich Mailand Hauptbahnhof und Voghera –, erhalten jedoch keine Auskunft über den Fahrplan des CIS Alpino, und im Hinblick auf ihre geplante Abi-Reise sind sie so schlau wie zuvor und

wissen noch immer nichts. Genervt geben sie auf, denn der Gebührenzähler tuckert fröhlich vor sich hin.

12. Für diesen Freitag geben sie auf, schließlich wollen sie sich die gute Laune für die Party am Abend nicht vollends verderben lassen.
13. Am anderen Morgen starten sie einen neuen Versuch. Carolyn erklärt sich bereit, zum Reisezentrum nach Ludwigsburg zu fahren. Doch Pech gehabt. Im Gegensatz zu allen anderen Geschäften, die erst um 16.00 Uhr schließen, hat das Reisezentrum bereits um 15.00 Uhr die Arbeit eingestellt.
14. Jetzt reicht es den beiden; entnervt geben sie auf und fahren mit dem Auto nach Italien.

Ein Fall wie viele tausend andere. Kein Unternehmen – ob im produzierenden Gewerbe oder im Dienstleistungsbereich – kann es sich leisten, so mit seinen Kunden umzugehen. Auch die Deutsche Bahn kann sich dies eigentlich nicht leisten. Eigentlich. Aber – so vermuten wir – man will gar keine Kunden haben und macht die Dinge so schwierig, um die Leute zu ärgern. Nur so ist dies alles noch erklärbar.

»Wir bitten um Ihr Verständnis ...«

Aus dem verrückten Bahn-Leben eines normalen Pendlers

Hunderttausenden geht es wie uns: Sie fahren eigentlich gern mit dem Zug. Vielen ist der Zug sogar das liebste Verkehrsmittel. Denn beim Zugfahren kann man lesen, still vor sich hinarbeiten, seinen Gedanken nachgehen, schöne und hässliche Landschaften, Dörfer und Städte an sich vorbeiziehen lassen – und sich auch trefflich ärgern. Wir wissen, wovon wir reden, denn seit Jahren sind wir unterwegs mit allem, was da auf Gleisen und Straßen sowie in der Luft rollt, fährt und fliegt, und deshalb sagen wir ganz deutlich: Ja, wir fahren gern Zug, aber wie so viele unserer Mitbürgerinnen und Mitbürger hassen auch wir die Bahn. Und das hat vor allem einen Grund: die chronischen Verspätungen.

Zugegeben, Verspätungen gab es schon immer. Auch zu Zeiten, als die *Deutsche Bahn* noch *Bundesbahn* hieß. Nur dass es damals mal fünf, vielleicht auch mal zehn Minuten waren. Aber – Sie erinnern sich sicher an die »goldenen Zeiten« der Bahn – Verspätungen blieben doch eher die Ausnahme.

Ganz anders heute. Seit der (Miss-)Geburt der *Deutschen Bahn AG* ist nichts mehr, wie es war. Die Verspätungen erreichen seitdem sowohl hinsichtlich ihrer Häufigkeit wie ihrer Länge Rekordmarken – zumindest immer dann, wenn wir mit dem Zug unterwegs waren. »Außer Preiserhöhungen schaffen die doch nichts mehr pünktlich!« Wie oft mag dieser Gedanke den vielen tausend frustrierten Bahnkunden durch den Kopf gehen?

Stellvertretend für die vielen Problemstrecken, über die sich die Bahnkunden tagtäglich grün und blau ärgern – und es gibt unzählige solcher Strecken –, haben wir die Strecke Bonn–Mainz einmal näher unter die Lupe genommen. Es war für uns kaum vorstellbar, dass die vielen Probleme, die uns dabei seit Jahren begleiten, bei weitem noch nicht alles waren, dass es noch schlimmer kommen konnte. Doch wir hatten die Rechnung ohne den 15. Dezember 2002 gemacht. Das ist jener denkwürdige Tag, an dem die *Deutsche Bahn AG* mit einem neuen Preissystem und einem neuen Fahrplan aufwartete. Es war der Tag, an dem nicht nur auf der Strecke Bonn–Mainz, sondern an vielen Stellen in Deutschland einmal mehr das kaum noch zu überbietende Chaos ausbrach.

»Wenn einer eine Reise tut, dann kann er was erzählen«, heißt es im Volksmund, und als Kunde der *Deutschen Bahn AG* darf man das durchaus wörtlich nehmen, auch wenn man so manche Begebenheit besser nicht erlebt hätte. Wie etwa jene in der letzten Januarwoche des Jahres 2003, als bei der Bahn mal wieder nichts ging. Von den zehn Zügen, die zwischen Bonn und Mainz benutzt wurden, war nicht einer pünktlich. Verspätungsquote: glatte einhundert Prozent! Und das mit Verspätungen zwischen zwanzig und fünfundsechzig Minuten! Kaum zu glauben bei einem Unternehmen, das sich mit dem Prädikat *Unternehmen Zukunft* schmückt.

Lesen Sie, wie es uns allein im ersten Halbjahr des Jahres 2003 auf der Strecke Bonn–Mainz ergangen ist, und wie es vielen anderen Bürgerinnen und Bürgern täglich mit der Bahn ergeht.

Mittwoch, 29. Januar 2003

Der Bummelexpress EC 115 von Dortmund nach Klagenfurt um 7.36 Uhr ab Bonn muss wegen eines »Personenschadens« rechtsrheinisch umgeleitet werden. Statt Bonn-Hauptbahnhof fährt er Bonn-Beuel an. Eigentlich kein großes Problem. Doch bei der Bahn wird eins draus. Zunächst dauert es eine Weile, bis die Umleitung im Bonner Hauptbahnhof angesagt wird. Ins Taxi sollen wir steigen und zum Beueler Bahnhof fahren. Dort, so verspricht man uns Reisenden, wartet besagter EC 115. Den Taxi-Transfer bezahlt natürlich die Bahn. Nur: Ohne Taxi-Schein gibt's keine kostenlose Taxi-Fahrt. Und den Schein, den bekommen wir am Info-Point im Bahnhof. Zumindest sind sich die Taxifahrer aller Nationalitäten da einig. Also strömt das kleine Heer der rund sechzig betroffenen Fahrgäste zum Info-Point in den Bahnhof. Doch Fehlanzeige. »Die Taxi-Scheine verteilt ein Mitarbeiter der Bahn am Taxi-Stand«, so die Kunde vom Info-Point. Also, alle wieder raus zum Taxi-Stand. Doch den Mitarbeiter der Bahn suchen wir dort vergebens. Als er dann endlich auftaucht, ist es zwanzig vor acht. Schon vier Minuten nach der eigentlichen Abfahrtszeit. Langsam keimen erste Zweifel auf, ob die Anschlüsse wohl noch klappen. Kein Problem, »der wartet auf alle Fälle«, versucht uns der Mann von der Bahn zu beruhigen. Dann folgt minutenlanges Geschiebe und Geschubse, »immer vier Personen in ein Taxi«, so die flehenden Worte des heftig bedrängten Bahn-Mitarbeiters, und schließlich setzt sich die Taxi-Kolonne aus gut einem Dutzend Wagen in Bewegung. Ab geht's, quer durch die Bonner Innenstadt und den gerade einsetzenden Berufsverkehr. Dann endlich erreichen wir den Beueler Bahnhof. Nur der Zug, der ja »auf alle Fälle« warten würde, der ist weg! Und nur ein Mitarbeiter des *Unternehmens Zukunft* ist zugegen, um den geballten Zorn der Reisenden entgegenzunehmen. Schließlich muss die Bahn ja Personal sparen. Der arme Mann!

So bleibt den Reisenden nichts anderes übrig, als verärgert auf den nächsten Zug zu warten. Natürlich hat der dann auch Verspätung. Eine Umleitung kostet schließlich immer Zeit.

Unterdessen spielen sich auf dem Bahnsteig wahre Dramen ab. Eine Dozentin aus Koblenz bangt um den Prüfungstermin ihrer Studenten – und macht ihrem Ärger wortreich Luft. »Nein, ein Taxi nach Koblenz zahlt die Bahn nicht«, lautet die lapidare Erklärung des sichtlich gestressten Eisenbahners. Ein verärgerter junger Mann, der »nur höchstens einmal im Jahr Bahn fährt«, will seinen Bahnkonsum künftig drastisch reduzieren. Und fast jeder holt sein Handy raus. Kurzfristig versinkt der Bahnsteig im Elektro-Smog der handyübertragenen Verspätungsmeldungen und Terminverschiebungen. Welch Wunder, dass angesichts dessen nicht auch noch die Elektronik im Bahnhof die Segel streicht.

Mit fünfundsechzig Minuten Verspätung erreichen wir schließlich Mainz. Dass der Lokführer seinen Zug dann auch noch ohne ersichtlichen Grund nur halb in den Bahnhof einfährt, die Fahrgäste im hinteren Zugteil also entweder ins Gleisbett aussteigen oder sich durch den halben Zug nach vorn drängen müssen, ist schließlich die Krönung einer Bahnfahrt voller Ärgernisse. *Danke, Deutsche Bahn AG!*

Tags darauf nehmen wir den gleichen Zug, den EC 115. Auf das Chaos des Vortages angesprochen, versichert der freundliche Zugbegleiter: »Auf Reisende warten, die mit dem Taxi kommen? Davon haben wir nichts gewusst!«

Donnerstag, 30. Januar 2003

EC 6 von Chur nach Amsterdam. Der Zug muss in Remagen wegen eines »Oberleitungsschadens« warten. Gut zwanzig Minuten voller Ungewissheit vergehen, denn nichts tut sich. Dann endlich die Information: »Reisende nach Bonn bitte aussteigen. Es verkehren Taxen nach Bonn-Hauptbahnhof.« Alle anderen Fahrgäste aber dürfen mit dem Zug zurück nach Koblenz, von dort wird er – kennen wir das nicht? – rechtsrheinisch umgeleitet. Mit entsprechender Verspätung, versteht sich.

Am Taxi-Stand dann das bereits erwartete Gedränge, denn

auch diesmal lassen die Taxi-Scheine auf sich warten. Doch es kommt noch besser. Im Taxi treffen wir eine Taxi-Nachbarin vom Tag davor wieder. Innerhalb von sechsunddreißig Stunden mit ein und derselben fremden Person in einem Taxi – das bietet einem wirklich nur die *Deutsche Bahn AG!*
Aber auch ohne dieses nette Erlebnis ist die Strecke Bonn-Mainz-Bonn als Erlebnis-Parcours der Sonderklasse nur zu empfehlen.

Donnerstag, 13. Februar 2003
Mit der berühmten »Salami-Taktik« hält die Bahn die Fahrgäste des EC 6 von Chur nach Amsterdam am Mainzer Hauptbahnhof hin. Um 17.20 Uhr sollte der Zug Richtung Bonn abfahren, eigentlich. Doch scheibchenweise, so alle fünf Minuten, überlegen es sich die überforderten Verantwortlichen der Bahn mit den Verspätungsmeldungen anders. Erst fünf, dann zehn, dann fünfzehn, dann zwanzig Minuten. Schließlich stellen sie das Zählen ein. Es ist kalt auf dem Bahnsteig, aber kaum jemand traut sich ins wärmende Bahnhofsgebäude. Schließlich könnte die Verspätungs-Ansage der Bahn ja stimmen und der Zug in den nächsten fünf Minuten einfahren. Doch selbst das klappt nicht – es vergehen fünfundvierzig Minuten, bis der Zug endlich im Mainzer Bahnhof einrollt.
Im Zug selbst herrscht das Chaos. Fast alle Plätze sind belegt, überall stehen Koffer und Taschen in den Gängen. Der Weg durch den Waggon wird zum Hindernislauf. Die Leute sind genervt. Wer weiß, in wie vielen Familien es abends zum großen Krach kommt, weil entnervte Bahnkunden in »geladener Stimmung« zu ihren Lieben nach Hause kommen. Förderlich ist das, was die Bahn mit uns so macht, für ein harmonisches Familienleben keinesfalls.
Zurück in den EC 6: Eine Gruppe von Senioren aus dem Westfälischen sorgt sich um ihre Anschlüsse nach Herford, Hagen,

Bielefeld und Bad Oeynhausen. »Ja, hier ist Opa, wir sind noch nicht in Koblenz«, gibt ein graumelierter Reisender seiner Enkelin übers jetzt mal wieder ach so praktische Handy durch. Allmählich keimt in uns der Verdacht, dass entweder der Vorstandsvorsitzende der Bahn oder das gesamte Unternehmen einen Geheimvertrag mit der *Deutschen Telekom* oder anderen Mobilfunk-Betreibern hat. Sollte es gar eine Absprache zwischen den beiden Unternehmen geben, wonach die Deutsche Bahn AG für ein höheres Aufkommen an Telefon-Gesprächen sorgt? Wer das glaubt, ist vielleicht nicht fair – aber wer als Bahnkunde gegen Dauerfrust ankämpfen muss, kommt unweigerlich auf solche Gedanken.

Emsig bemüht sich unterdessen Herr Schmidt, der Leiter der Leserreise in die Schweiz, seinen Schutzbefohlenen die letzten Anschlusszüge herauszusuchen.

Was auch nicht so ganz einfach ist, denn die Anschlusszüge, die in den im Zug ausliegenden Faltblättern genannt werden, sind natürlich längst weg – ungefähr so, als kämen Sie in eine Gaststätte, und all das, was auf der Speisekarte steht, gibt es nicht mehr.

Nicht minder fleißig stellt die Schaffnerin Verspätungsbescheinigungen aus. Und erteilt mütterlich den Rat, die Bescheinigungen in Köln oder Dortmund nochmals abstempeln zu lassen: »Es könnte sonst Probleme geben.« Aha – geht es einem da durch den Kopf –, dann sollen die älteren Herrschaften wohl auch noch mit Sack und Pack quer durch die nächtlichen Bahnhöfe irren, um jemanden zu finden, der ihnen ihre Bescheinigungen abstempelt. Danach ist dann garantiert auch der letzte Anschlusszug weg!

Inzwischen bestellen die Senioren schon ihre Abholer ab. »Das wird zu spät, Klaus! Wir kommen mit dem Taxi.« Gibt es am Ende gar geheime Absprachen zwischen der Bahn und den örtlichen Taxi-Unternehmen? Dann würden all die Verspätungen ja vielleicht Sinn machen. Auf alle Fälle kann sich Klaus aus Herford jetzt einen ruhigen Abend machen. Und vielleicht auch telefonieren ...

Freitag, 14. Februar 2003

Auch an diesem Tag ist der EC 115 nicht pünktlich. Zwar sind es in Bonn nur fünf Minuten, dafür ist im Triebwagen die Heizung mal wieder defekt (fairerweise muss man sagen, dass dafür im Sommer die Klimaanlage nicht funktioniert). Verzweifelte Versuche des Schaffners bleiben fruchtlos. »So eine ...«, schimpft er und lässt die Fahrgäste fröstelnd zurück. In die fast schon rituell vorgetragenen Beschwerden über die Verhältnisse bei der Bahn mischen sich die Beiträge von zwei Jugendlichen. Nachwuchs-Bahner offenbar, wie aus Kleidung und Unterhaltung zu schließen ist. Ihr erfahrungsschwangerer Rat: »Fahren Sie doch einfach einen Zug früher.« Und dann ergänzen sie fast schon triumphierend: »Nächste Woche wird's noch schlimmer, da läuft der Verkehr nur noch eingleisig.«

Wie tröstlich! Was würden die Zug-Zöglinge wohl sagen, wenn sie in der Kneipe nur halb volle Gläser bekämen, zusammen mit der Empfehlung des Wirtes: »Bestellen Sie doch zwei, dann haben Sie ein volles.«

Zwei Stunden später, ein Freund ruft an und fragt: »Haste die FAZ schon gelesen? Nee? Dann lies mal, Seite 8, oben links.«

Unter der Überschrift *Wie der Blitz von Bonn nach Frankfurt – Visionen, schnöde Realitäten und ein kleines Rechenexempel* schildert Fritz Ulrich Fack seine Erlebnisse auf der neuen Vorzeigestrecke (FAZ 14.2.2003, Seite 8).

Erkenntnis Nummer eins: Wer von Bonn rechtsrheinisch auf der neuen Expressstrecke durch den Westerwald nach Frankfurt düsen möchte, muss einen kleinen Umweg über Köln in Kauf nehmen. Und weil nur jede zweite Verbindung im Frankfurter Hauptbahnhof endet, alle anderen jedoch auf dem Rhein-Main-Flughafen, kommen noch mal einige Minuten drauf. Fazit: Statt der vollmundig angekündigten siebenundfünfzig Minuten braucht man rund eine Stunde und fünfzig Minuten – das sind ganze neun Minuten weniger als auf der herkömmlichen Verbindung über Koblenz und Mainz. Ist man auf einen Regionalzug angewiesen, um nach Köln zu kommen, schrumpft die Zeitersparnis auf null! Und dafür verlangt die Bahn zwischen acht und neun Euro Zuschlag, für die zweite Klasse und den einfachen Weg, wohlgemerkt!

Will man sich den Umweg über Köln nicht zumuten, kann man auch in Siegburg zusteigen – allerdings dauert die Fahrt zum »Bahnhof der Zukunft« auch bis zu einer halben Stunde, um dann auf einem zugigen Bahnsteig in luftigen »Wartemulden« die Ankunft des Zuges herbeizusehnen. Dass der dann auch tatsächlich in Siegburg hält, war zumindest im Februar noch nicht gewährleistet. Es ist schon vergekommen, dass der Express einfach an dem halb fertigen Bahnhof in Siegburg vorbeirauschte – und diejenigen, die dort aussteigen wollten, mit einem Bummelzug aus Montabaur zurück nach Siegburg zuckelten ... Ganz zu schweigen von jenen Fahrgästen, die mit vor Kälte triefender Nase schon dreißig Minuten auf dem Bahnsteig ausgeharrt hatten. Kurzum: Die gute alte linksrheinische Verbindung von Bonn-Hauptbahnhof nach Frankfurt-Hauptbahnhof ist in der Regel ebenso schnell wie die neue Expressstrecke, sie kostet weniger und man braucht nicht umzusteigen. Vorausgesetzt, zwischen Bonn und Koblenz läuft alles nach Plan – aber das hatten wir ja schon ...

Freitag, 21. Februar 2003

Auch an diesem Tag trifft es den EC 115 auf dem Weg von Dortmund nach Klagenfurt. Die übliche Verspätung von fünf Minuten ist ja nichts Neues. Neu allerdings ist die Masche, mit

der die Fahrgäste diesmal vergrault werden. In Koblenz ertönt gleich mehrmals die Durchsage: »Wegen eines ›Oberleitungsschadens‹ fährt dieser Zug Bingen heute nicht an. Reisende nach Bingen bitte aussteigen. Der Zug wird rechtsrheinisch umgeleitet. Dadurch verlängert sich die Fahrzeit um circa zwanzig Minuten. Wir bitten um ihr Verständnis.«
(Ganz nebenbei: In zwanzig Minuten ist die rechtsrheinische Umleitung nicht zu schaffen; oft muss man dreißig Minuten dafür veranschlagen. Das wissen inzwischen wohl auch viele Fahrgäste. Nur beim Bahnpersonal hat sich das noch nicht herumgesprochen. Und so bleibt es eben bei den irreführenden Ansagen.)
Sobald der Lautsprecher verklungen ist, verlassen einige Reisende den Zug. Mit fast zehn Minuten Verspätung macht sich der EuroCity dann auf den Weg. Aber nicht etwa über die angekündigte Umleitung. Nein: Der Zug nimmt die im Fahrplan ausgewiesene Strecke über Bingen. Was den Reisenden dann auch prompt vom Schaffner mitgeteilt wird. Leider nur etwas zu spät für die Reisenden nach Bingen. Denn die stehen jetzt am Koblenzer Hauptbahnhof und warten auf den nächsten Regionalexpress nach Bingen, mit einem teuren InterCity-Ticket in der Tasche. Der nächste IC folgt erst in zwei Stunden, und dafür müssten sich die Reisenden ihr Ticket am Info-Schalter umschreiben lassen. Sonst sind unter Umständen auch noch 45 Euro Gebühren fällig.
Mit acht Minuten Verspätung erreicht der unsägliche EC 115 an diesem Tag Mainz.
Abends geht es zurück mit dem EC 8 Richtung Dortmund. Der Zug kommt pünktlich in Mainz an, hält ohne ersichtlichen Grund und ohne Begründung vonseiten des Personals auf freier Strecke und erreicht Bonn mit achtzehn Minuten Verspätung. Verspätungsquote heute: wieder mal einhundert Prozent.
Danke, Deutsche Bahn AG!

Donnerstag, 6. März 2003
Heute streiken die Lokführer! ›Wofür wollen die denn noch mehr Geld? Vielleicht für ihre dauernden Verspätungen? Und dann Streik. Die sind doch permanent im Bummelstreik‹, geht es vielen Betroffenen durch den Kopf.
SWR 3 meldet, der Betrieb laufe fast normal. Aber bitte: Was heißt bei der Bahn schon »normal«?
Schon die angegebene Service-Nummer funktioniert zwischen 6.30 Uhr und 7.15 Uhr nicht. Entweder ist der Anschluss besetzt oder keiner geht ran. Und im Bonner Hauptbahnhof ist auch niemand erreichbar. Es war doch nur die Rede von streikenden Lokführern – oder?
Im Bonner Bahnhof herrscht Chaos. Alle Fernzüge sind verspätet, mindestens zehn Minuten, zum Teil deutlich mehr. Uns trifft es mit fünfzig Minuten! Im Zug stellen wir den Schaffner zur Rede, wohl wissend, dass wir eigentlich den Mann vorn im Führerstand nach dem Grund des Streiks fragen müssten. Doch auch der Schaffner weiß überaus Interessantes zu berichten. Nämlich dass irgendjemand die Bahnwohnungen verkauft habe und die Bahner jetzt kein Geld mehr für die Miete hätten.
Mieterhöhungen als Streikgrund – wer hätte das gedacht?
Ach ja, auf dem Heimweg wurde unser Zug, Sie wissen schon: der EuroCity 6 von Chur nach Amsterdam, mal wieder rechtsrheinisch umgeleitet. Wegen eines »Unfalls«. Und wieder behauptete der Schaffner, die Fahrzeit würde nur zwanzig Minuten mehr betragen. Tatsächlich sind es aber neunundzwanzig.
Danke, Deutsche Bahn AG!

Montag, 10. März 2003
Auf der Fahrt nach Mainz lesen wir den Bonner Generalanzeiger. Er berichtet auch über die jüngsten Entwicklungen

bei der *Deutschen Bahn AG*. Die wichtigsten Aussagen: Der Umsatz bei der Bahn brach um sieben Prozent ein, und die Züge sind immer unpünktlicher. Der Vorstand spricht von »hausgemachten« Problemen. Und im *Spiegel* war am gleichen Tag zu lesen, dass der Umsatz der *Deutschen Bahn AG* im Personenverkehr in den ersten beiden Monaten des Jahres um sieben Prozent unter den Erwartungen geblieben ist. Verantwortlich dafür seien neben der schwachen Konjunktur auch hausgemachte Schwierigkeiten, berichtete das Magazin unter Berufung auf Bahn-Vorstand Christoph Franz. So sei etwa die Pünktlichkeit der Bahn nach dem Fahrplanwechsel im Dezember von neunzig auf sechzig Prozent zurückgegangen. Zu schaffen mache dem Unternehmen auch die Konkurrenz der Billigflieger und die Umstellung auf das neue Preissystem. Dem *Spiegel* zufolge will die Bahn mit einer Taskforce die Probleme bei der Pünktlichkeit in den Griff bekommen *(na hoffentlich kommen die nicht mit der Bahn zu ihren Treffen, dann gibt das nie etwas)*. Für den Rückgang bei den Passagierzahlen gebe es eine Reihe von Gründen, so ein Sprecher der Bahn. Neben der Konjunktur, dem schlechten Wetter *(und wir dachten immer, gerade bei schlechtem Wetter steigen viele auf die Bahn um)* und einer Verlagerung vom Fern- zum Nahverkehr spiele auch das neue Preissystem eine Rolle. Es sei aber normal, dass eine solche Neuerung sich noch nicht überall durchgesetzt habe.
Sind wir Fahrgäste am Ende alle Deppen?

Donnerstag, 10. April 2003
»Nur jeder Vierte mag die Bahn«, schreibt der *Bonner Generalanzeiger* in einer kurzen Meldung im Wirtschaftsteil. Und beruft sich dabei auf eine Meldung der *Financial Times Deutschland*. Dass es doch noch so viele sind!? Wir besorgen uns die *Financial Times Deutschland*. Sie stellt fest: Das deut-

sche Großunternehmen mit dem schlechtesten Image ist die *Deutsche Bahn AG*. Laut repräsentativer Umfrage des Marktforschungsinstituts *Inra* über Bekanntheit und Eindruck von neunundzwanzig deutschen Großunternehmen schneidet die *Deutsche Bahn* mit weitem Abstand am schlechtesten ab. Mit siebenundvierzig Minuspunkten liegt sie noch weit hinter dem vorletzten Unternehmen, der *Deutschen Telekom*, die nur sieben Minuspunkten eingeheimst hat. Spitzenreiter ist der Autohersteller *BMW* mit achtundachtzig Pluspunkten. *»Selbst bei den Rentnern und Pensionären, die die Bahn noch vergleichsweise am besten bewerten, äußerten sich nur sechsunddreißig Prozent positiv«*, heißt es in dem Artikel.
Wie war das noch mit der westfälischen Seniorenreisegruppe? Vielleicht sind ja Herr Schmidt oder Oma und Opa aus Herford gefragt worden.

Mittwoch, 30. April 2003
Ein Unglück kommt selten allein – wo findet man diese Erfahrung besser bestätigt als bei unserer Bummelbahn.
Als am Morgen, so gegen 9.00 Uhr, zwischen Limburg und Montabaur ein ICE stoppt, ahnen die Reisenden noch nicht, was ihnen bevorsteht. »Triebkopfschaden« lautet die Diagnose – was wohl so viel bedeutet wie Lokschaden. Nun ist einmal mehr Geduld gefragt – Geduld ist ja notgedrungen die oberste Tugend aller Bahnreisenden. Nach knapp zweistündiger Reparatur kann der Zug die Reise nach Dortmund fortsetzen.
Aber inzwischen wartet längst das nächste Problem. Diesmal auf dem südlichen Teil der sechs Milliarden Euro teuren Prestige-Strecke, genauer gesagt zwischen Idstein und Breckenheim. So gegen halb zehn wird dort eine Leiche auf den Gleisen entdeckt. Eine Vollsperrung der Trasse ist unausweichlich. Einige Züge müssen warten, andere werden umgeleitet. Mit

Bussen werden die Reisenden zum Bahnhof am Frankfurter Flughafen gefahren. Alles in allem summieren sich die Verspätungen an diesem Vormittag bei vierzehn Zügen auf fast zwölf Stunden!
Doch es gibt noch andere Gründe, weshalb bei der Bahn alles zusammenbricht. Und wieder finden wir sie auf der sündhaft teuren Hochgeschwindigkeitstrasse Köln-Frankfurt.

Dienstag, 6. Mai 2003
Wie kreativ die Bahn und ihre Mitarbeiter sind, um den Zugverkehr auch ja nicht planmäßig abzuwickeln, davon können wir uns auch an diesem Tag überzeugen.
Auf freier Strecke zwischen Köln und Troisdorf: Lokführer ließ ICE einfach stehen – Kollegin warf ihm vor: »Sie haben eine Fahne.« Da hielt er an, nahm seine Tasche und ging nach Hause. So schrieb der *Kölner EXPRESS* und erklärte dazu: Stellen Sie sich vor, Sie müssen dringend mit der Bahn zum Frankfurter Flughafen. Doch unterwegs hält der Zug an, der Lokführer steigt aus und verschwindet auf Nimmerwiedersehen.
Was war geschehen? Auf freier Strecke, nahe des Haltepunktes Spich hatte der ICE 729 gehalten, der Lokführer war aus dem Führerstand geklettert, über die Gleise gelaufen und verschwunden. Auch eine sofort eingeleitete Nahbereichsfahndung des Bundesgrenzschutzes konnte den Verbleib des Lokführers nicht aufklären. Er war bei Köln von einer Zugbegleiterin angesprochen worden, weil er eine »Fahne« hatte. Der Lokführer hatte den Vorwurf zurückgewiesen, sich geweigert, einen Alkoholtest zu machen und war verduftet. Und während der Bundesgrenzschutz noch tagelang nach dem vermissten Lokführer suchte, war der bereits am selben Abend wieder zu Hause. Ein Sprecher der Bahn teilte später mit, dass

der flüchtende Lokführer Übelkeit und Magenbeschwerden als Grund für sein Verhalten angegeben habe.
Immerhin: Ein Ersatz-Lokführer brachte die Reisenden sogar noch am selben Tag sicher ans Ziel.
Und dabei hatte Martin Brandenbusch, der Leiter der Produktentwicklung beim Personenverkehr der Bahn, noch kurz zuvor siegesgewiss verkündet, der Betrieb auf der Hochgeschwindigkeitsstrecke sei nun stabil. Tja – da hat er wohl die Kreativität seiner eigenen Kollegen unterschätzt.
Ach ja – und EC 6 nach Amsterdam, 17.20 ab Mainz, trudelt mit fünfzehn Minuten Verspätung in Bonn ein. Begründung: »Böschungsbrand«. Wen wundert da noch, dass der Bahn die Kunden gleich scharenweise davonlaufen.

Berlin (dpa) – Die Deutsche Bahn fährt im Fernverkehr weiter deutlich ihren Umsatzplänen hinterher. In den ersten drei Monaten blieb Europas größter Verkehrskonzern knapp zwanzig Prozent unter Plan und etwa vierzehn Prozent unter dem Niveau des Vorjahresquartals. Wie Aufsichtsratskreise am Dienstag in Berlin bestätigten, wurden im Fernverkehr statt der erhofften 930 Millionen Euro nur 750 Millionen Euro eingenommen. Auch bei den Passagierzahlen musste das bundeseigene Unternehmen herbe Rückschläge verkraften. Mit siebenundzwanzig Millionen Reisenden wurde der Quartalsplan um fast vier Millionen verfehlt.

Woher mag das wohl kommen, Herr Mehdorn?

So weit nur ein paar unserer vielen schlechten Erfahrungen mit der Deutschen Bahn zwischen Bonn und Mainz.
Gibt's denn gar keine netten Erlebnisse mehr bei der Bahn, so werden Sie sich jetzt vielleicht fragen. Doch – die gibt es. Oder

besser gesagt, das gibt es. Denn es ist bislang nur eines. Und das ereignete sich am Dienstag, dem 29. April 2003.
Im wie üblich verspäteten EC 115 treffen wir auf einen Schaffner, einen netten älteren Herrn, den wir vom Sehen kennen. Und er uns scheinbar auch – was ja nicht selbstverständlich ist, schließlich fahren doch noch eine Menge Leute mit der Bahn. Freundlich bittet der Schaffner um den Fahrschein und entschuldigt sich mit einem Zwinkern für die Störung der morgendlichen Zeitungslektüre. »Och«, entgegnen wir, »dazu hat man bei der Bahn ja mehr Zeit als genug.«
Damit ist die Runde eröffnet – und wir klagen dem freundlichen Schaffner unser Verspätungs-Leid. Aufmerksam hört der Zugbegleiter zu und entschuldigt sich höflich für all den Ärger, den die Bahn ihren Stammkunden schon bereitet hat. Eigentlich hätte das ja gereicht, doch damit nicht genug: Als der Schaffner bei der nächsten Runde vorbeikommt, drückt er uns einen Getränkegutschein in die Hand.
Kaum zu glauben, nach jahrelanger Bahnfahrt, nach Monaten voller Verspätungen, treffen wir endlich mal einen Bahnbediensteten, für den Kundendienst mehr ist als die Bitte um Verständnis. Dessen freundlicher Kommentar: »Es ist nicht viel, aber wenigstens etwas.«

»Immer dieser Ärger!«

Lieschen Müller und die Bahn – Teil I

Also, alt bin ich nun wirklich nicht, aber auch halt nicht mehr die Jüngste. Und dann bin ich auch noch ganz schön fit. Mein Sohn Jürgen – also der, wo BWL studiert hat – der sagt immer: »Wenn's nach deiner Klappe geht, dann bist du ein junges Mädchen.« Und Manfred – wissen Sie, das ist mein Mann –, der sagt auch immer, ich würde so viel quasseln wie die jungen Leute eben. Na ja, wie auch immer, jedenfalls bin ich nicht mehr die Jüngste, aber blicken tu ich's doch schon noch. Ich frag mich, wie's den Leuten geht, die nun wirklich schon älter sind und nicht mehr so gut drauf sind wie ich.

Also ich will Ihnen gerade mal was dazu erzählen. Das ist doch ein unmöglicher Fall, wenn man heute eine Fahrkarte kaufen will. Früher, da ging man einfach zum Bahnhof, und da gab's Leute, die haben Bescheid gewusst. Aber die haben ja viele Bahnhöfe dicht gemacht. Also bei uns, da gibt's schon lange eine Zugverbindung, aber den Bahnhof haben sie abgerissen. Jetzt stehen da nur noch Warteboxen, die stinken wie ein Klo. Ja, wenigstens stinkt es nach Klo, auch wenn es keins mehr gibt. Wo sollen denn die alten Leute hin, wenn sie mal dringend müssen, und jeder muss ja mal. Mal ganz normal und mal ganz dringend. Und dann ist es zu spät. Die Leute, die in die Warteboxen reinurinieren, das sind junge Nichtsnutze, die noch keine Blasenschwäche haben wie die alten Leute, und trotzdem pinkeln sie am Abend, wenn sie stockbesoffen aus der Kneipe kommen, in die Warteboxen. Keiner kümmert sich drum, und unsere Gesellschaft muss sich so was gefallen lassen. Da gibt es viele Arbeitslose, die könnten doch für ein paar Euro die Sachen in Ordnung halten. Aber es wird ja alles weggespart. Also braucht man sich nicht wundern, wenn alles verdreckt ist und die Gegend immer unfreundlicher wird. Jedenfalls gibt es längst keine Fahrkartenschalter mehr, sondern Fahrkartenautomaten. Dagegen hätte ich ja nichts, schließlich gibt es ja auch Zigarettenautomaten. Nein nein, nicht dass Sie glauben, ich rauche. Ich will nur sagen, dass ein Automat eigentlich noch nichts Schlimmes ist, wenn die Umgebung stimmt und wenn sie sauber gehalten wird. Aber was man auf den Bahnhöfen überall erlebt, das ist schon schlimm. Ich habe das schon in München gesehen oder auch rund um Stuttgart. Also, was ich sagen will: Das ist alles viel zu kompliziert. Da blicken doch die alten Leute nicht durch. Wenn ich schon meine Mühe habe, wie sollen dann die echten alten Leute sich eine Fahrkarte rauslassen können, oder erst die Ausländer. Die einen sind ja Touristen und haben es nicht so eilig und haben vielleicht Zeit, das ganze Zeug zu lesen. Die anderen, die als Geschäftsleute hier sind, verzweifeln dann vielleicht und wollen mit uns keine Geschäfte mehr machen. Wollen Sie mit jemandem Geschäfte machen, wenn er nur umständlich ist? Also, ich finde das alles sehr umständlich. Das geht schon mit den Fahrkarten los. Es sind ja längst keine Karten mehr, sondern Fahrausweispapiere. Egal wie die auch heißen, ich sag halt Fahrkarte. Und wenn man sich so eine Fahrkarte oder so einen Fahrschein herauslässt aus dem Automaten, muss man aufpassen, wenn man in den Schlitz reinlangt, wo dann die Fahrkarte hinter einer Plexiglasscheibe runterfällt und wo auch das Rückgeld rauskommt (wenn der Apparat funktioniert!), ob da nicht in der Nacht auch die jungen Säufer reingepinkelt haben. Ja, so ist das. Ich glaube, dass die Leute bei der Bahn – egal ob Bundesbahn oder Verkehrsverbund oder wie das alles heißt – keine Ahnung haben und sich selbst nie eine Fahrkarte rauslassen, sonst würden sie für andere

Zustände sorgen. Dann hätten sie auch andere Apparate gekauft oder erfinden lassen. Also ich erzähle Ihnen das mal, was ich gesehen habe. Wenn Sie im Großraum Stuttgart fahren, dann gibt es viele Haltestellen. Das ist ja zunächst mal gut, wenn man überall hinkommt mit den öffentlichen Verkehrsmitteln. Ich sag immer zu Manfred - also meinem Mann -, lass doch mal die Karre stehen und fahr mehr mit der Bahn. Aber das ist nicht ganz so einfach. Also jetzt erzähle ich's Ihnen im Einzelnen. Bei unserem Fahrkartenautomaten, da gibt es viele Knöpfe, wo alte Leute und Zugereiste nicht durchblicken. Da gibt es einen Knopf für einen Einzelfahrschein, einen Knopf für einen Kurzstreckenfahrschein (ohne dass dabeisteht, was eine Kurzstrecke ist), dann einen Knopf für eine Mehrfahrtenkarte, dann einen Knopf für eine Tageskarte, einen Knopf für Hin- und Rückfahrt mit der DB, dann gibt es einen Fahrradkarte-Knopf und dann gibt es noch mal einen Knopf für ein Schönes-Wochenende-Ticket. Dann gibt es einen Knopf für eine Ermäßigung mit BahnCard und einen Knopf für ein Baden-Württemberg-Ticket. Und noch einen Knopf für die erste Klasse. Dann gibt es noch mal einen Knopf für Fernverkehr, dann einen Knopf für Nahverkehr, einen für eine Monatskarte Verbundpreis, aber da kommt nichts raus, und dann gibt es einen Knopf für eine Wochenkarte mit Verbundpass. Dann gibt es noch mal einen Knopf für einen anderen Zeitraum-Verbundpass und noch einen für die Mitnahme von Kindern oder Hunden mit einem Einzelfahrschein. Da gibt's noch mal einen Extra-Mehrfahrtenfahrkarte-Knopf und noch mal einen Knopf für Hin- und Rückfahrt. Dann gibt es auch für die Kinder einen Knopf für Ermäßigung BahnCard und noch mal einen Knopf für erste Klasse und noch mal einen Knopf für Übergang erster Klasse und noch mal einen Knopf für Zuschlag erster Monat Verbundpass und noch mal einen Knopf für Zuschlag für erste Kalenderwoche Verbund-

pass. Und natürlich auch noch einen Zuschlag mit Verbundpass.
So, haben Sie das geblickt? Nein? Kein Wunder, ich blick das ja auch nicht. Für mich reicht ja meist eine normale Fahrkarte. Aber was die mit den Leuten machen, ist eine Katastrophe. Als wir mal mit der S-Bahn in das Museum in die Stadt gefahren sind und anschließend schön essen, da hat der Jürgen – also mein Sohn – erzählt, dass dies eine Katastrophe sei und woanders alles einfacher gemacht werde. Jürgen kommt nämlich ganz schön viel rum, wissen Sie. Der hat doch BWL studiert und hat es dann in seiner Firma – die machen da was mit Computern oder so – doch zu was gebracht. Und da ist er halt oft im Ausland. Da hat er erzählt, dass wenn er in Amerika ist oder in England oder zum Beispiel in Bangkok in Asien oder so, dass dort die Automaten und die Preispläne viel einfacher und übersichtlicher sind. Ja, sind wir Deutschen denn blöder als die in anderen Ländern? Warum tun die das einfach machen und wir müssen es kompliziert haben? Also jedenfalls kann man im Großraum Stuttgart zu vielen Orten fahren. Aber bis das die Leute schon mal finden auf der Anzeigentafel. Da ist kein Symbol und nix. Wirklich ganz und gar nichts, aber viele Worte. Also ich hab's gezählt; ob Sie's glauben oder nicht, also da hat's sage und schreibe 1198 Haltepunkte drauf. Ja, Sie haben richtig gelesen, fast 1200 Haltepunkte, also Stellen, wo man mit dem Zug, mit der S-Bahn, mit dem Bus, mit der Stadtbahn oder mit der U-Bahn hinfahren kann. Eigentlich eine tolle Sache, wenn man überall hinkommt. Also da kann man dann über die verschiedenen Strecken sowohl in den Schwarzwald, den Schwäbischen Wald oder auch sonst wohin recht weit wegfahren. Und alles ist ein Verbund. Aber ist das ein Verbund, das frage ich Sie, wenn keiner mehr durchblickt? Vielleicht habe ich mich ja auch verzählt, und es sind statt 1198 tatsächlich nur 1195

Haltestellen, oder es können auch drei oder vier mehr sein. Denn das wollte ich mir dann nicht antun, dass ich das alles zweimal zähle. Einmal genügt doch, oder meinen Sie das nicht auch? Übrigens sind die ganzen Dinger nicht durchnummeriert, sondern sie haben dann andere Nummern. Die Haltepunkte nämlich, also die Bahnhöfe oder die Busstationen, das sind dann die Tarife, also da steht dann zweihundertdreißig oder fünfhundertvierzig oder so ähnlich. Das gibt dann an, was die jeweilige Strecke kostet. Abgesehen davon, dass bei fast 1200 angegebenen Haltestellen Fremde das sowieso nicht finden, ist das ein totaler Quatsch. Wie oft habe ich schon die Leute gesehen, wenn sie vor dem Automaten stehen und der Zug bald kommt und sie schon ganz nervös werden, weil sie sich bei den klein geschriebenen Ortschaften überhaupt nicht auskennen. Warum ist dann das Zeug nicht durchnummeriert, und wenn man eine einfache Nummer drückt, dann hat man den Betrag, den man bezahlen muss. Das würde doch auch gehen. Oder warum macht man nicht einfach eine Karte mit ein paar Symbolen. Die gibt's zwar überall an den Haltestellen in einem Extra-Kasten, aber auch das ist so kompliziert, dass das kein normaler Mensch blickt. Und ich glaube schon, dass ich ein normaler Mensch bin, auch wenn Manfred – also mein Mann – manchmal sagt: »Irgendwie kannst du nicht normal sein.« Aber das meint er dann ganz anders, glauben Sie mir ruhig. Also ich meine, das kann man machen, wie es mein Sohn Jürgen da vom Ausland erzählt hat. Einfach einfache Tarife und einfache Symbole, dann begreifen das auch die Leute. Ich frage mich nur, was das für Menschen sind, die bei uns bei den Bahnen Verantwortung tragen. Natürlich wollen die es auch recht machen, aber dabei kommt nix raus. Ein Witz ist das, sage ich Ihnen, wenn man so die Leute verdummt, ja, ein Witz. Also wenn wir schon beim Verdummen sind. Ich halte mich schon für durchschnittlich intelligent und bin vielleicht auch etwas ausgefuchst. Aber wenn ich schon nicht durchblicke und unser Nachbar, der Lehrer ist am Gymnasium, auch nicht durchblickt mit den Fahrkartenautomaten, wie sollen dann Leute, die nicht ganz so intelligent sind, noch durchblicken? Und wir können ja nicht so tun, als ob jeder intelligent wäre. Ja, auf diese Fragen, da weiß auch ich keine Antwort. Nur dass das ganz einfach wäre, wenn man nur will. Also, wenn Sie mal in die Gegend kommen, dann gucken Sie sich das einfach an. Sie können aber auch das Ganze in München angucken; dort sind's vielleicht nicht ganz so viele Haltepunkte, aber dennoch ist das System kompliziert. Und aufs Klo gehen kann man meistens auch nirgends. Aber jetzt muss ich weiter, mein Zug kommt gleich. Und schließlich habe ich meine Zeit ja auch nicht gestohlen.

Ein Verkehrsnetz verschwindet

Statistik – Teil I

Streckenlängen

Eisenbahnnetze in Europa und Nordamerika:

Deutschland	36 652 km
Frankreich	32 515 km
Italien	16 499 km
Spanien	12 310 km
Großbritannien	17 067 km
USA	230 674 km

(Quelle: Statistisches Bundesamt, 2002)

Stillgelegte Bahnstrecken in Deutschland

Die Zahlen geben die Streckenlänge (Stand 1999) stillgelegter Strecken an, die noch dem Verkehr gewidmet sind (sie könnten, da nicht abgebaut, also theoretisch noch befahren werden); es sind nur solche Streckenabschnitte berücksichtigt, die mehr als fünf Kilometer Streckenlänge aufweisen:

Baden-Württemberg	438,2 km
Bayern	1160,9 km
Brandenburg	715,9 km
Hessen	549,6 km
Mecklenburg-Vorpommern	304,0 km
Niedersachsen	1404,3 km
Nordrhein-Westfalen	822,0 km

Rheinland-Pfalz/Saarland	602,6 km
Sachsen	464,4 km
Sachsen-Anhalt	499,3 km
Schleswig-Holstein	212,6 km
Thüringen	335,0 km

(Quelle: Universität Stuttgart, Institut für Straßen- und Verkehrswesen)

Beschäftigte auf dem Abstellgleis

Die Entwicklung der Beschäftigten-Zahlen bei den wichtigsten Bahnen verschiedener Länder (dargestellt in 1000) zeigt es deutlich: Die Bahnen in Europa haben erheblich Personal abgebaut. Was wird aus unseren öffentlichen Verkehrssystemen? Wo bleiben diese Menschen?

Land/ Bahngesellschaft	1970	1980	1990	1995	1999	2000
Belgien SNCB	56,7	65,7	45,2	41,9	40,6	41,4
Deutschland DB AG	392,7	329,0	236,0	294,9	194,9	222,2
Deutschland DR	252,6	237,9	246,3	(DB)	(DB)	(DB)
Schweiz CH	12,6	12,1	13,3	12,5	10,5	n.a.
Spanien RENFE	85,1	71,5	49,7	39,0	34,5	33,7
Frankreich SNCF	303,0	254,4	202,1	181,1	174,3	175,2
Niederlande NS	26,6	26,9	26,2	26,6	26,0	24,7
Österreich ÖBB	73,9	72,5	66,9	61,3	52,6	50,7
Portugal CP	25,6	24,7	22,1	13,1	6,3	6,3
Großbritannien All railways	237,0	191,0	140,0	113,0	49,0	50,0

(Quelle: Europäische Kommission, 2003)

Gut Ding will Weile haben

Ein kleines Bahnwunder

Manchmal, seien wir ruhig ehrlich, freut man sich auch über die Bahn: Wenn das Angebot verbessert und der Service optimiert wird, wenn statt Streckenstillegungen ein Ausbau des Netzes erfolgt. Zum Beispiel die Strecke von Euskirchen nach Bonn. An der liegt, mit eigenem Bahnhof, die Stadt Rheinbach. Und dort wohne ich. In den siebziger Jahren sprach man noch von der Stilllegung dieser Strecke. Die hatte sowieso bessere Zeiten gesehen, war sie doch einmal Teil einer stolzen zweigleisigen Verbindung zwischen Bonn und Düren. Von dort gelangte man gut nach Aachen, Belgien und in die Niederlande. Doch das ist lange her. Nach dem Zweiten Weltkrieg fast durchgängig auf nur ein Gleis zurückgestutzt, fristete die Strecke ein kärgliches Dasein. Höchst erfolgreich also hatte die Bahn ihr Angebot auf »verhältnismäßig miserabel« reduziert. Tagsüber verirrte sich ab und an mal ein Zug auf den Gleisen, abends und am Wochenende war auf der Strecke nichts los. Muss oder kann man sich da wundern, dass niemand mehr mit der Bahn fuhr? Womit soll man fahren, wenn nichts fährt?
Doch dann, plötzlich und unverhofft, ereignete sich vor rund zwanzig Jahren ein kleines Bahnwunder. Vielleicht hatte es damit zu tun, dass einflussreiche Mitarbeiter des damals noch in Bonn residierenden Bundesverkehrsministeriums auch vom schlechten Angebot betroffen waren? Ausgeschlossen ist dies nicht, denn die an der Strecke liegenden Städte wie Meckenheim oder Rheinbach galten als beliebte Wohnorte der Bundesbediensteten, bevor sie samt ihren Ministerien nach Berlin entschwanden.

Das kleine Wunder kam in Form einer spürbaren Verbesserung des Angebotes: Ein Stundentakt wurde geschaffen – damals war das alles andere als üblich. Dieser Stundentakt war zwar auf tagsüber begrenzt, am Abend und am Wochenende blieb die Region vorerst weiterhin bahnfrei. Dennoch stellte sich ein wohl ungeahnter Erfolg ein. Nach und nach nahmen nämlich die Fahrgastzahlen zu, sie verdoppelten und verdreifachten sich. Und dann ging es erfreulicherweise kontinuierlich mit Angebotsverbesserungen weiter. Langsam zwar, aber stetig und vor allem: wirklich spürbar.
So wurde nach und nach auch das Angebot am Wochenende verbessert. Die Bahn verkehrte nun auch am Abend bis Mitternacht, und es wurde, um den zunehmenden Fahrgastzahlen gerecht zu werden, für Montag bis Freitag ein Halbstundentakt eingeführt. Gut, abends ab 20.00 Uhr blieb es beim Stundentakt, aber immerhin. Mehr und mehr Fahrgäste kamen, die Züge waren zumindest in den Hauptverkehrszeiten so voll, das zwischen Bonn und Rheinbach in den Stoßzeiten die Züge bald sogar im Viertelstundentakt verkehrten. Ein neues Modell, der »Talent«, ersetzte die alten Silberlinge, die von schweren und lauten Dieselloks der Baureihe 215 gezogen wurden. An den alten Bahnhöfen wird mittlerweile gebaut. Vielen geht all das zu langsam, aber verglichen mit früher ist der Fortschritt unübersehbar.
Eigentlich also eine gute Sache, eine Erfolgsgeschichte, diese Strecke. Hinzu kamen gute Anschlussverbindungen in Bonn (leider wurde mit der Inbetriebnahme der Neubaustrecke Köln–Frankfurt dieses Angebot dramatisch reduziert) sowie – wirklich optimal – in Euskirchen, von wo aus man nach Köln oder in die Eifel und bis hin nach Trier fahren kann. Bahnfahrerherz, was willst Du mehr? Fast nichts, möchte man meinen, wenn, ja wenn da nicht noch lange Zeit die Sache mit dem ersten Zug am Morgen gewesen wäre.

Worum ging es? Um eine persönliche Betroffenheit natürlich, wie so oft bei der Bahn. Denn ich wohne, wie gesagt, an dieser Strecke und muss oft, in der Regel einmal wöchentlich, nach Brüssel. Als Umweltschützer fahre ich natürlich vorzugsweise mit der Bahn. Und für meine Zwecke wäre es vorteilhaft, würde die alte Verbindung nach Düren noch existieren. Denn von Düren aus fahren D-Züge, von Köln kommend, direkt nach Brüssel. Besser gesagt, fuhren. Denn mit dem Fahrplanwechsel im Dezember 2002 wurden diese D-Züge, die übrigens viel komfortabler waren, als es die wesentlich teureren Thalys-Züge sind, abgeschafft. Aber was soll's: Die Direktverbindung über Düren gibt es ja ohnehin nicht mehr, man muss heute über Köln fahren, will man nach Brüssel. Und das heißt: von Rheinbach erst nach Bonn oder Euskirchen, dort umsteigen, dann weiter nach Köln, dort wieder umsteigen, und dann ab nach Brüssel. Das dauert: Knapp vier Stunden muss man rechnen, wenn's gut geht und keine Verspätungen etc. die Reisezeit auch mal auf viereinhalb, fünf oder (mein Rekord!) sechs Stunden ansteigen lassen. Dazu muss man wissen: Von Rheinbach nach Brüssel (Gare Central) sind es mit dem Auto genau zweihundertvierundzwanzig Kilometer, komplett Autobahn. In zweieinhalb Stunden schafft man das in der Regel; wenn sich morgens auf der Autobahn ab Leuven der Verkehr staut, können es auch mal drei Stunden werden. Wenn man Mittags nach Brüssel rein- oder rausfährt, also außerhalb der Hauptverkehrszeiten, schafft man es ohne zu rasen und bei Einhaltung aller Tempolimits in gut zwei Stunden. Also fast doppelt so schnell wie mit der Bahn. Da kommt man ins Grübeln. Zumal man ja mit dem Auto viel flexibler ist. Ist die Sitzung früher beendet oder ein Tagesordnungspunkt fällt weg, dann steht die Blechkiste parat und man muss nur den Schlüssel rumdrehen und ab geht's nach Hause. Die Bahn fährt stündlich, doch schon vor dem neuen Preissystem war man auf dieser Strecke relativ unflexibel: Der französische Thalys hatte Angebote, die genau dem neuen DB Preissystem glichen – früher bestellen, aber auch festlegen auf einen bestimmten Zug, und schon konnte man sparen, war aber an den Zug gebunden, für den man sich lang vor dem Reisetag entschieden hatte. Für Menschen, die kurzfristig Termine wahrnehmen müssen, ein unmögliches Unterfangen. Und selbst wenn man kein Sparticket besitzt und flexibel reist, gibt es Probleme. Denn jetzt fahren ab und an auch ICE-Züge auf dieser Strecke. Thalys-Tickets gelten aber in den ICEs nicht, wie umgekehrt ICE-Fahrscheine im Thalys keine Gültigkeit haben.

Doch zurück zur Strecke Bonn-Euskirchen. Da Bahnreisen zwar oft Zeitverluste mit sich bringen, durchaus aber die Möglichkeit bieten, sich auf Sitzungen vorzubereiten oder ein Nickerchen zu machen, nehme ich ganz gern die Bahn. Viele Sitzungen fangen in Brüssel um 9.30 Uhr oder um 10.00 Uhr an. Das hieß (vor dem Fahrplanwechsel): Thalys um 6.30 Uhr ab Köln. Um diesen zu bekommen, musste ich den ICE um 5.51 Uhr ab Bonn nehmen. Ich hasse es, auf der Strecke Bonn–Köln einen ICE zu nehmen, denn das kommt mich teuer zu stehen. Ein D-Zug-Ticket kostete bislang in der zweiten Klasse 7,00 Euro, ein IC-Ticket 9,10 Euro, ein ICE-Ticket gar 12,20 Euro, jeweils inklusive Zuschlag. Doch für mich ging es weniger um diese Differenzen, sondern für mich ging es um viel mehr Geld. Denn ich habe ein so genanntes »Jobticket«. Dies ist ein von meinem Arbeitgeber bezahltes Monatsticket, das mir die Möglichkeit gibt, im gesamten Verkehrsverbund Rhein/Sieg kostenlos alle Nahverkehrsmittel zu benutzen – und dazu gehören auch die Regionalbahnen der DB. Wenn der Zug um 5.51 Uhr so ein Nahverkehrszug wäre, oder es zu diesem Zeitpunkt eine Alternative zum ICE gäbe, um den Thalys von Köln nach Brüssel zu erreichen, könnte ich umsonst fahren.

Wenn und aber. Und überhaupt: Ich konnte nicht nur nicht mehr wie früher von Rheinbach nach Düren fahren, sondern bekam nun auch den ICE um 5.51 Uhr nicht mehr. Denn der erste Zug von Euskirchen und Rheinbach, der in Bonn morgens ankam, fuhr planmäßig um 5.52 Uhr im Bonner Bahnhof ein. Also eine Minute nach Abfahrt des ICE.

Was tun? Mich entweder morgens nach Bonn bringen lassen, um den teuren ICE zu kriegen, oder nach Euskirchen, um mich dort um 5.29 Uhr mit einer Regionalbahn kostenlos gen Kölle schaukeln zu lassen. Meine Frau nahm das damit verbundene extrem frühe Aufstehen um 4.30 Uhr nur ungern in Kauf. Ich auch.

Also doch häufiger mit dem Auto fahren (da reicht 6.00 Uhr Aufstehen) oder gleichzeitig versuchen, bei der umweltfreundlichen Bahn Abhilfe zu schaffen. Die hat ja gezeigt, dass sie auf der Strecke durchaus in der Lage ist, das Angebot zu verbessern.

Und das war die Geschichte dazu: Zunächst warf ich – wie in solchen Fällen üblich – einen Blick in den Fahrplan, um einen Überblick zu bekommen. Was lernte ich dabei? Dass die Züge auf dieser Strecke normalerweise im Takt fahren, ab Euskirchen jeweils eine Minute beziehungsweise einunddreißig Minuten nach der vollen Stunde. Aber morgens um 5.00 Uhr ist nicht »normalerweise«. Die ersten Züge fuhren außerhalb dieser Taktzeiten. Der erste um 5.17 Uhr. Die schon beschriebene Folge: Ankunft 5.52 Uhr, ICE weg.

Naja, dachte ich mir, das muss ja wohl einen Grund haben, weshalb der außerhalb des Taktes fährt. Zum Beispiel kann es ja sein, dass ein Zug aus der Eifel kommend in Euskirchen erst um 5.10 Uhr ankommt, man also den Reisenden die Möglichkeit geben will, einen Zug in Richtung Bonn zu erreichen. Wäre doch logisch, oder? Denkste! Logik scheint für die Fahrplangestalter ein Fremdwort zu sein. Da kam morgens kein Zug in Euskirchen an, auf den der nach Bonn hätte warten müssen. Der fuhr einfach so ab, ohne erkennbaren und nachvollziehbaren Grund außerhalb des Taktes. Gut, Lokführer und Stellwärter konnten 'ne viertel Stunde länger schlafen.

Und was macht der Bahnfreund in einem solchen Fall? Er schreibt einen Brief, erklärt dabei sowohl sein Missfallen wie auch sein Unverständnis und hofft auf eine Lösung. Doch auch das klappte nicht. Mindestens fünf Briefe hatte ich in dieser Angelegenheit an die Bahn geschickt. Nicht einmal eine Eingangsbestätigung habe ich erhalten, von einer vernünftigen Antwort ganz zu schweigen.

Doch dann, ein echtes Happy-End: Seit dem neuen Fahrplan gelingt es jetzt doch, den ersten Thalys ab Köln zu bekommen. Denn nun klappt's plötzlich mit dem Takt der ersten Züge ab Euskirchen. Um 5.15 geht es in Rheinbach los, 5.39 Uhr ist man in Bonn, um 5.45 Uhr fährt der IC nach Köln, sieben Minuten hat man dort Zeit, den jetzt bereits um 6.12 abfahrenden Thalys zu bekommen, der innerhalb von zwei Stunden und zwanzig Minuten nach Brüssel Midi fährt. Gut, dort noch einmal umsteigen, um zurück zum Gare Central zu fahren, den man fahrplanmäßig um 8.41 Uhr erreichen kann. Endlich eine halbwegs praktikable Alternative zum Auto. Warum musste ich mich fünf Jahre lang ärgern, weil nichts geschah? Das wird wohl immer das Geheimnis der Fahrplangestalter bleiben ...

Die Kunden kommen wieder

Erfolg durch modernisierte und reaktivierte Bahnstrecken

Und es geht doch: Überall, wo sich engagierte Verantwortliche in Landes- und Kommunalpolitik zusammen mit engagierten Bürgern für die Modernisierung oder gar Reaktivierung von Bahnlinien eingesetzt haben, steigen die Fahrgastzahlen. Die Kunden – dies zeigen die von Pro Bahn zusammengestellten Beispiele – kommen wieder zurück. Es gibt also eine Zukunft für die Bahn!

Baden-Württemberg

- Stuttgart–Heilbronn: »Frankenbahn«
  Anstieg um sechsunddreißig Prozent von 1995 bis 1999 aufgrund der Angebotsausweitung
- Heilbronn–Eppingen: »Kraichgaubahn«
  Anstieg um hundertzweiundzwanzig Prozent von 1995 bis 1999 aufgrund der Angebotsausweitung (Stadtbahn)
- Basel–Singen: »Hochrheinbahn«
  Anstieg um fünfundsechzig Prozent von 1995 bis 1999 aufgrund der Angebotsausweitung und neuer Fahrzeuge

Bayern

- Nürnberg/Ost–Gräfenberg: »Gräfenbergbahn«
  1000 Fahrgäste pro Tag vor der Modernisierung 2001, danach 3800 Fahrgäste pro Tag
- Weilheim–Schongau: »Pfaffenwinkelbahn«
  Anstieg der Fahrgastzahlen (Reisenden-Kilometer pro Strecken-Kilometer) Montag bis Freitag um sechsundvierzig Prozent im Abschnitt Weilheim–Peißenberg und um sechsundfünfzig Prozent im Abschnitt Peißenberg–Schongau

(von 1991 bis 1997); Anstieg an Samstagen um rund vierhundert Prozent, an Sonntagen um knapp dreihundert Prozent zwischen 1984 und 1997

- Holzkirchen–Lenggries/Tegernsee/Bayerischzell: »Bayerische Oberlandbahn«
  Zu DB-Zeiten lagen die Fahrgastzahlen bei 4500 pro Tag. Für die Zeit nach der Übernahme durch die BOB wurden 5500 prognostiziert; 2001 wurden 8000 Fahrgäste pro Tag gezählt

Brandenburg/Berlin

- Frankfurt/Oder–Berlin–Potsdam–Brandenburg/Havel in RE-Zügen Anstieg von 19 700 Fahrgästen pro Tag (1998) auf 35 000 Fahrgäste pro Tag (2000)
- Cottbus–Rathenow in RE-Zügen Anstieg der Fahrgastzahlen um vierzig Prozent von 1998 bis 2000 aufgrund von Angebotsverbesserungen
- Wittenberge–Berlin–Jüterbog in RE-Zügen Anstieg der Fahrgastzahlen um vierzig Prozent von 1998 bis 2000 aufgrund von Angebotsverbesserungen

Hessen

- Bad Homburg–Gräfenwiesbach-Brandoberndorf: »Taunusbahn«
  1500 Fahrgäste pro Tag wurden früher auf der DB-Strecke gezählt; die Prognose des Fahrgastpotenzials für 1993 sprach von 3500 bis 4500 Fahrgästen pro Tag; 1999 wurden (bis Gräfenwiesbach) 7500 Fahrgäste pro Tag gezählt, 2001 (bis Brandoberndorf) 9000 Fahrgäste pro Tag

Mecklenburg-Vorpommern

- »Usedomer Bäderbahn«
  Die Eisenbahnen auf der Insel Usedom sollten 1992 stillgelegt werden; damals fuhren nur 260 000 Fahrgäste mit

der Bahn. Durch die Ausgliederung der Eisenbahn als Usedomer Bäderbahn (UBB), durch Investitionen in Höhe von 100 Millionen DM (51 Millionen Euro), die Einführung des Stundentaktes (im Sommerhalbjahr Halbstundentakt) und ein modernes, zielstrebiges Marketing ging es steil bergauf: 2001 waren es schon 2,6 Millionen Fahrgäste - zehnmal so viele wie 1992.

Nordrhein-Westfalen

- Kaarst-Mettmann: »Regionbahn«
  3800 Fahrgäste pro Tag waren für 1999 prognostiziert; 2001 wurden nach Einführung des Zwanzig-Minuten-Taktes 12 000 Fahrgäste pro Tag gezählt
- Düren-Heimbach
  Anstieg der Fahrgastzahlen um hunderteinundzwanzig Prozent von 1989 bis 1998; bei der Dürener Kreisbahn kamen die Fahrgaststeigerungen durch den verbesserten Betrieb (Ersatz der alten Schienenbusse) zustande
- Bielefeld-Dissen/Bad Rothenfelde: »Haller Wilhelm«
  Anstieg der Fahrgastzahlen um zweiundneunzig Prozent von 1998 bis 2001 bei der einstmals von der Stilllegung bedrohten Strecke; wochentags werden 2550, samstags 600 und sonntags 400 Fahrgäste gezählt

Rheinland-Pfalz

- Trier-Bengel und Trier-Perl: »Regionalbahn Trier«
  Von Juli bis Dezember 2001 konnte ein Zuwachs der Fahrgastzahlen von früher 2035 auf 3859 Fahrgäste pro Tag verbucht werden
- Mannheim-Bad Dürkheim: »Rhein-Haardt-Bahn«
  Im Jahr 2001 nutzten 1,9 Millionen Fahrgäste die Überlandstraßenbahn von Mannheim nach Bad Dürkheim, das sind 6,2 Prozent mehr als im Jahr zuvor

Sachsen

- Zwickau–Plauen–Bad Brambach: »Vogtlandbahn«
  1100 Fahrgäste pro Werktag (Betrieb durch DB) wurden im Jahre 1996 registriert; nach der Übernahme durch die Vogtlandbahn 1996 stieg die Zahl der Fahrgäste auf rund 2500 pro Werktag (April 1997), das sind hundertsiebenundzwanzig Prozent Zuwachs, erreicht durch eine Sanierung der vernachlässigten Strecken und die Beseitigung der Langsamfahrstellen
- Zwickau-Adorf und Reichenbach-Klingenthal: »Vogtlandbahn«
  Nur 300 Fahrgäste wurden im Jahr 1996 beim Betrieb durch die DB gezählt. Nach der Übernahme durch die Vogtlandbahn 1997 waren es rund 1400 Fahrgäste pro Werktag (Januar 1998), das sind rund dreihundertsechzig Prozent Zuwachs.

Thüringen

- Orlamünde–Pößneck: »Orlabahn«
  Anstieg der Fahrgastzahlen von 98 300 im Jahr 2000 auf 145 000 im Jahr 2001 (das ist ein Zuwachs von achtundvierzig Prozent); Ursache laut DB: die Durchbindung nach Jena, die Sanierung von Strecke und Bahnhöfen sowie der Desiro-Einsatz

Preisdschungel

Ein Salto rückwärts mit Folgen

Lange, ja lange hat es gedauert, nämlich fast acht Monate zwischen Dezember 2002 und Ende Juli 2003. So lange hat die Bahn ihr neues Preissystem aufrechterhalten. Ein Preissystem, das die Bahnkunden zu Recht verärgerte und das so unglaublich kompliziert war, dass niemand mehr es verstanden hat. Doch immerhin stand Bahnchef Mehdorn lange - eben einfach zu lange - zu diesem verkorksten Konzept. Jetzt haben wir seit 1. August 2003 wieder ein neues System, aber es bleibt abzuwarten, wie es sich bewähren wird. Jedenfalls ist es - wenn auch noch manche Rechenkünste der Fahrgäste erforderlich sind - übersichtlicher. Was sich die Bahn mit dem abgeschafften Preissystem erlaubt hat, ist so unglaublich, dass man es lange in Erinnerung behalten sollte, um bei künftigen derartigen Fehlentwicklungen gewappnet zu sein. Zu Recht haben die Menschen aufgeschrien. Denn wer von der (jetzt alten) Bahntarifreform glaubte, alles würde besser und manches vereinfacht, sah sich mehr als getäuscht. Ja, man hatte den Eindruck, dass die Bahn Transparenz ganz klein schreibt, um Preiserhöhungen besser verschleiern zu können. Und so haben viele Bürgerinnen und Bürger jegliche Spontaneität und die schnelle Lust aufs Reisen mit der Bahn unterdrückt.

Wer ab Dezember 2002 glaubte, umweltfreundlich mit der Bahn reisen zu können, wurde kräftig zur Kasse gebeten. Denn auch wer sich schnell entschloss, war kein Frühbucher, sondern ein Spätbucher. Aber nur Frühbucher bekamen vierzig Prozent Rabatt, wenn sie mindestens eine Woche im Voraus den Zug ihrer Wahl verbindlich buchten. Drei Tage zuvor

gab es nur fünfundzwanzig Prozent, und wer schnell mal mit dem Zug Tante Elsa besuchen wollte, weil sie im Krankenhaus lag, wurde ob seiner Fürsorge noch bestraft, weil es einen Tag vor Abfahrt eben nur noch zehn Prozent des Frühbucher-Rabattes gab. Oder sollte man sagen, es war die Spätbucher-Strafe, weil dreißig Prozent vom eigentlichen Rabatt abgezogen wurden? Das war doch grotesk! Oder?
Und dann ein weiterer Pferdefuß, der die Reform der Reform vom August 2003 sogar überlebt hat: Die so genannten »Sparpreise« verkauft die Bahn nur, »solange der Vorrat reicht«! Gerade in Spitzenzeiten aber, wenn zwischen Freitag und Sonntag viele Leute verreisen wollen, stehen oft nur wenige Plätze zu diesen Sonderpreisen zur Verfügung. Sind die Angebote für die gewünschten Verbindungen ausgebucht – und da stellt sich die Frage, wer dies überprüft und uns wahrheitsgemäß bestätigt –, muss man entweder zu einer anderen Tageszeit reisen, zu der noch Frühbucher-Rabattplätze vorhanden sind, oder eben den Normalpreis zahlen. Aha: Hier haben wir's! Auf der einen Seite argumentiert man bei der Bahn, dass man eigentlich insbesondere Geschäftsleute schröpfen will, die unter der Woche manchmal spontan mit der Bahn verreisen müssen. Auf der anderen Seite haben die Wochenend-Reisenden nicht allzu viele Chancen, an die Frühbucher-Rabatte heranzukommen. Alles Lug und Trug?
Nehmen wir doch einfach mit gesundem Menschenverstand an, es gäbe ähnliche Tarifsysteme auch in anderen Bereichen. In Ihrer Metzgerei etwa. Dort würde man sagen, wer einen Rollbraten eine Woche zuvor bestellt, bekommt vierzig Prozent Rabatt. Wenn aber viele Leute den Rollbraten bestellen, und es gibt keinen mehr, dann würde die freundliche Metzgerei-Fachverkäuferin Ihnen antworten, Sie sollen einfach etwas anderes essen oder Ihre Gäste eben auf einen anderen Termin einladen. Logisch? Keineswegs! Mit

gesundem Menschenverstand ist dies auch niemandem zu vermitteln.
Oder ein anderes Beispiel: Sie tragen sich mit dem Gedanken, demnächst zu heiraten. Das Restaurant, in dem Sie die Hochzeit mit Ihren Verwandten, Freunden und Bekannten feiern wollen, gewährt Ihnen einen Frühbucher-Rabatt und behauptet, Sie würden bei rechtzeitiger Buchung vierzig Prozent Rabatt erhalten. Wenn Sie dann am Tage Ihrer Hochzeit vom Standesamt glücklich mit Ihren Gästen das Restaurant betreten, zeigt sich, dass es dann doch anderweitig belegt ist. Und der Restaurantinhaber erklärt Ihnen, Sie sollten eben an einem anderen Tag heiraten. Oder aber ein anderes Restaurant aufsuchen ... Einfach absurd, meinen Sie nicht auch?
Ja, jetzt hat sich der Preisdschungel wieder gelichtet. Aber man muss sich mal vorstellen, was dies alles gekostet hat. Die Geldeinbußen, weil viele Leute nicht mehr Zug gefahren sind, und die Kosten für die gigantische Werbung in Zeitungen und Zeitschriften, Broschüren und dergleichen. Wer wird dafür zur Rechenschaft gezogen? Oder: Wird überhaupt jemand zur Rechenschaft gezogen?
Seit Anfang August 2003 scheint wieder etwas Licht in das Preisgefüge gekommen zu sein, weil der Dschungel aus Frühbucher-Rabatten, Gruppentarif, rosa Preisabschlägen und anderem Wirrwarr gelichtet wurde. Ganze acht Monate hat man bei der Bahn den Protesten standgehalten und den gesunden Menschenverstand ignoriert. Jetzt haben viele wieder die »alte BahnCard«. Doch diese Bezeichnung täuscht darüber hinweg, dass man ganz schön viel fahren muss, um die Kosten wieder reinzuholen. Die BahnCard 50 kostet immerhin zweihundert Euro. Fangen Sie also am besten gleich mit dem Rechnen an, denn sonst könnten Sie sich schnell verrechnet haben.
Und so sieht es aus, das neue Angebot der *Deutschen Bahn AG* für die neue »alte BahnCard«:

	Fahrpreis-Ermäßigung	Klasse	Preis der BahnCard	Ermäßigter Preis der BahnCard
BahnCard 25 (Einsteiger)	25 %	1. 2.	100 Euro 50 Euro	BC 25 für 5 Euro für Familien mit Kindern bis 17 J.
BahnCard 50 (Vielfahrer)	50 %	1. 2.	400 Euro 200 Euro	200 Euro* 100 Euro*
BahnCard 100 (Intensiv-Nutzer)	100 % (kostenlose Fahrt)	1. 2.	5000 Euro 3000 Euro	Kostenlose BC 25 als Partnerkarte für Familien mit Kindern bis 17 J.

*für Ehe-/Lebenspartner, Schüler und Studenten bis 26 Jahre, Auszubildende, Senioren ab 60 Jahre und Schwerbehinderte;

die Kombination von BahnCard und anderen Rabatten entfällt

Best of DB

Es gibt noch Hoffnung

Ja, es ist wahr. Auch wenn wir es manchmal nicht glauben wollen. Es gibt auch gute Seiten bei der Bahn. Nein, wir meinen nicht die Tatsache, dass das Zugfahren eigentlich eine umweltfreundliche Art der Fortbewegung ist und dass man beim Zugfahren, sofern man nicht übervolle Waggons erwischt hat und keine Verspätungen zu erleiden hat, doch echt entspannen kann. Man kann lesen, still vor sich hinarbeiten, wenn man Akten studiert, oder in den Laptop starren. Man kann aber auch interessante Gespräche führen oder einfach nur so die Landschaft betrachten.

Nein, ich meine etwas anderes: Die Zugbegleiterinnen und Zugbegleiter, die Damen und Herren an den Verkaufstheken der Reisecenter und die anderen Mitarbeiter der Bahn, die um die marode Situation ihres Arbeitgebers wissen oder es zumindest erahnen und trotz aller Widrigkeiten das Beste daraus machen.

Leute – Menschen wie du und ich –, die auch nach der hundersten Beschimpfung durch gestresste, entnervte und enttäuschte Bahnkunden noch freundlich bleiben. Menschen, die ihre Beschäftigung bei der Bahn nicht eben nur als Job sehen, sondern als Service am Kunden. Nun haben es diese Damen und Herren besonders schwer. Das Missmanagement der Bahn haben sie nicht zu verantworten, und dafür, dass es bei Verspätungen und anderen Ärgernissen für die Kunden kaum einen Ausgleich gibt, können sie auch nichts. Dennoch bleiben diese Damen und Herren freundlich und zuvorkommend. Wir haben höchsten Respekt vor diesen Menschen, und wir wollen diese Mitarbeiterinnen und Mitarbeiter der Bahn,

die dazu beitragen, dass die *Deutsche Bahn AG* nicht vollends ihr Ansehen verliert, aus der Anonymität holen. Deshalb suchen wir die besten Bahn-Botschafter. Berichten Sie uns von Erlebnissen, die Ihnen den Glauben an die Bahn wiedergegeben haben und bei denen Ihnen Mitarbeiterinnen und Mitarbeiter in fast ausweglosen Situationen geholfen haben.
Teilen Sie uns mit, welches Zugteam Ihres Erachtens eine Ehrung verdient hätte. Erzählen Sie uns auch, auf welchem Bahnhof oder auf welcher Strecke Sie positive Erfahrungen gemacht haben.
Wir wollen den besten Teams als menschliche Aushängeschilder der Bahn durch Veröffentlichung (selbstverständlich anonymisiert, damit die Einzelnen keine Schwierigkeiten bekommen) im Internet eine Ehrung zuteil werden lassen.
Sie können uns Ihre Erlebnisse mithilfe des folgenden Musterbriefes mitteilen.

Droemersche Verlagsanstalt Th. Knaur Nachf.
Autorenteam »Bahnhasser-Buch«
Hilblestr. 54
80636 München

Absender:

Name ______________________

Vorname ______________________

Straße ______________________

PLZ/Ort ______________________

Tel. ______________________

E-Mail ______________________

Für die Auszeichnung mit dem Titel *Best of DB* schlage ich das Team des folgenden Zuges vor:

getroffen im Zug von ________________ nach ________________

getroffen am ______________

Begründung

____

____

____

____

____

»Jetzt muss ich mal!«

Lieschen Müller und die Bahn – Teil II

Also, das sage ich Ihnen: Jetzt werde ich dann bald ganz zum Bahnhasser, also eigentlich ja Bahnhasserin. Aber ich bin ja so emanzipiert genug, dass ich auch ganz frei einfach Bahnhasser sage. Um was es mir geht? Ja, das ist doch unmöglich. Neulich war ich wieder verreist mit dem Zug, weil wir die neue Ausstellung in der Bundeskunsthalle besuchen wollten. Und Sie glauben es nicht: Nirgends gibt´s richtige Klos, Entschuldigung: Toiletten. Im Zug waren es zu wenig, und vor allem waren einige die ganze Zeit zugesperrt. Ich habe da langsam den Verdacht, dass die Toiletten, die da immer geschlossen sind, längst nicht alle besetzt sind und auch nicht defekt sind. Die macht irgend so ein Gully-Verantwortlicher einfach dicht, damit er sie nicht putzen muss – deshalb heißen die auch »stilles Örtchen«! Vielleicht bekommen die Leute ja auch die Anweisung, nur die Hälfte der Toiletten aufzumachen, damit man Geld sparen kann – das ist ja heutzutage modern. Aber ist es richtig, wenn man am Kunden dauernd Geld spart? Sie sind ja sicherlich auch schon geflogen, mit dem Flugzeug, meine ich. Ich war ja schon mal in Amerika. Also wenn man da mal muss, und jeder muss ja mal, dann ist auf den Flughäfen an jeder Ecke eine Toilette – und alle picobello. Das ist mir gleich aufgefallen, und mein Sohn Jürgen – also der, wo BWL studiert hat – hat das auch gesagt. Dem können Sie ruhig glauben. Der kommt ja ganz schön viel rum für seine Firma. Und außerdem kosten diese Toiletten in den Flughäfen nix. Aber auf den Bahnhöfen, da muss man – wenn man überhaupt eine Toilette findet – ganz ordentlich was berappen.

Eigentlich kosten ja die Fahrkarten schon so viel, und dann muss man für jedes Pipi noch extra bezahlen? Haben Sie schon mal auf einem Flughafen bezahlt für, na, Sie wissen schon ...
Und das Schlimmste: Immer dann, wenn's pressiert, hat man kein Kleingeld, das braucht man aber für diese Stahldinger, damit man überhaupt reinkommt. Also kauft man halt irgendwas, was man nicht braucht, um Kleingeld zu haben. Dann ist das Vergnügen schon doppelt so teuer. Ich kann Ihnen vielleicht sagen: Was habe ich da schon alles gekauft, was ich nicht gebraucht habe. Denn die Geschäfte in den Bahnhöfen wechseln nicht so einfach Geld, wenn man nix kauft. Da kann ich die Leute auch verstehen. Die sind doch keine Bank. Zustände sind das! Und keiner macht was. Auch vom Kanzler hört man da nix. Da heißt es dauernd, dass man sozial sein will und die Errungenschaften der sozialen Marktwirtschaft trotz allem Sparen nicht kaputtmachen darf. Ja ist das etwa sozial, wenn man nicht mal mehr richtig Pipi machen kann? Dann muss man in den Bahnhöfen, wenn man das offizielle, teure Klo nicht findet, vielleicht in ein Café oder eine Gaststätte gehen. Aber wenn ich einen Kaffee trinke, dann muss ich erst recht. Das geht Ihnen doch sicherlich auch so.
Ich erzähl Ihnen jetzt mal was, so ganz im Vertrauen: Als der Jürgen noch klein war, da hat der Bub so dringend müssen, und es war kein Klo auf dem Bahnhof in der Schnelle zu finden. Also habe ich ihm einfach die Latzhose runtergezogen und ihn über den Bahnsteig auf die Gleise pinkeln lassen. Mir doch egal, was die paar Leute, die da rumstanden, gedacht haben. Die waschen ja später nicht die verpinkelte Hose. Genauso wenig wie der Vorstandsvorsitzende der Bahn. Vorstandsvorsitzender! Bald kann ich es nicht mehr hören. Kloverweigerer müsste der eigentlich heißen.
So, jetzt habe ich mir wenigstens den Kropf geleert, auch

wenn es wahrscheinlich wieder nichts nützt, aber machen Sie doch auch mal die Klappe auf. Wie oft haben Sie schon geschimpft und keine Briefe geschrieben, weil Sie sich alles gefallen lassen. Jetzt sagen Sie doch auch mal was!

Absicht oder Zufall?

Es kommt immer darauf an, wo man etwas sagt

Die Nachricht kam an einem Freitag; es war sogar ein Freitag, der Dreizehnte. Und es war im Juni 2003. Das, was Bahnchef Hartmut Mehdorn am Rande einer Bahnkonferenz lapidar mitteilte, war schlimm, schlicht und einfach schlimm: nämlich dass die Bahn weitere 40 000 Mitarbeiter abbauen will. Nicht auszumalen, was da wieder auf uns zukommt, wenn diese Pläne verwirklicht werden. Dann gibt es noch mehr unpünktliche Züge, noch mehr Missmanagement, noch mehr verdreckte Waggons und noch mehr Bahnhasser, die auf das Auto umsteigen. Gar nicht auszudenken, was dies letztlich für die Umwelt bedeutet.
Doch diese Mitteilung trug bei aller Ernsthaftigkeit groteske Züge: Der Vorstandsvorsitzende der *Deutschen Bahn AG* hatte die Nachricht – man glaubt es nicht – am Tag zuvor in London lanciert! Ja, Sie lesen richtig. Der Chef der Deutschen Bahn, die nun in England wirklich keine Geschäftsfelder unterhält, redete aus England zu uns! Vielleicht hatte er ja auch nur Angst, sich in Deutschland den kritischen Fragen der Presse zu stellen. Traurig, aber wahr.

Was tun, wenn nichts klappt?

Von Kundenrechten und Beförderungsbedingungen

Es wäre so schön gewesen. Michael K. freute sich schon auf das verlängerte Wochenende. Endlich hatte er mal wieder Zeit, seine Freundin Kerstin G. zu besuchen. Gerade jetzt war ihm dies so wichtig, da es in der aus beruflichen Gründen auf weite Distanz geführten Beziehung wieder besser lief.
Um es kurz zu machen: Aus dem ursprünglich geplanten romantischen Abend an jenem Feiertag, der auf einen Donnerstag fiel, wurde nichts. Denn Michael K. landete irgendwo in der Pampa und musste am Schluss noch froh sein, in einer maroden Absteige, die sich dennoch Hotel nannte, wenigstens ein Dach über dem Kopf zu finden.
Nun ging es hier ja beileibe nicht um Leben oder Tod. Aber es war nicht einfach für den Dipl.-Informatiker, seine Lebensgefährtin zu beruhigen. Die Enttäuschung auf beiden Seiten war unbeschreiblich.
So erging es schon vielen Menschen, die von der Bahn immer noch Kunden genannt, aber nicht als solche behandelt werden.
Haben Sie es auch satt? Sind Sie auch gefrustet?
Verspätungen ohne Ende, Zugausfälle, defekte Toiletten, überfüllte Waggons – Gründe, sich bei der Bahn zu beschweren, gibt's mehr als genug. Kein Wunder also, dass das Heer der Unzufriedenen immer größer wird.
Für die Kunden der *Deutschen Bahn AG* gelten seit 15. Dezember 2002, dem Tag der großen Strecken- und Preissystempleite, neue Beförderungsbedingungen.
Wir haben uns im Dschungel der Beförderungsbedingungen

für Sie umgesehen. Doch erwarten Sie nicht zu viel. Bei der Bahn gibt es ja happige Preise, und das zunehmend überforderte Management sieht die Kunden mehr und mehr als Melkkühe, denn das Preis-Leistungs-Verhältnis klafft zusehends auseinander. Doch hinsichtlich seiner Rechte als Kunde ist der Bahnreisende nicht gerade üppig ausgestattet, wie die folgende Übersicht zeigt:

- Wer die Reise in der Nacht wegen einer Verspätung nicht fortsetzen kann, hat Anspruch auf eine Übernachtung im Hotel, und zwar auf Kosten der Bahn.
- Ist der Zielbahnhof wegen einer großen Verspätung nicht mehr erreichbar, können Reisende zum Ausgangsbahnhof zurückkehren.
- Ein anderer Zug, mit dem der Zielbahnhof vielleicht doch noch erreicht werden kann, kann genutzt werden.
- Ist das Reiseziel wegen einer Verspätung nicht mehr ausschließlich mit der Bahn zu erreichen, kann sich der Reisende den Fahrpreis der nicht genutzten Reststrecke von der Bahn erstatten lassen, und zwar ohne Gebühr.

Das alles klingt besser, als es im Ernstfall tatsächlich ist. Denn nicht immer sind Hotels in der Nähe, wenn man zu später Stunde in ländlichen Gegenden den Anschlusszug verpasst. Zudem: Nicht alle Hotels haben ständig freie Zimmer. Und wenn man nach einer stundenlangen Zugfahrt mitten in der Nacht kurz vor dem Ziel stecken bleibt, will man dann wieder zurück zum Ausgangsbahnhof? Was soll man dort? Wer an einen bestimmten Ort möchte, hat gute Gründe dafür. Wenn er wieder zurückwollte, hätte er gar nicht erst hinfahren müssen.
Und was hilft es schließlich, den Fahrpreis für die ungenutzte Strecke erstattet zu bekommen, wenn man als Reisender trotzdem nicht mehr weiterkommt? Außer vielleicht mit dem

Taxi. Da müsste die Bahn ja wohl besser den Preis für das Taxi übernehmen. Und den Preis der nicht genutzten Bahnstrecke erstatten. Und überhaupt: Wer bezahlt denn den zweiten Versuch?
Generell keinen Anspruch auf Entschädigung haben Reisende:

- wenn eine falsche Fahrplanauskunft zu Verspätungen führt;
- wenn sie als Pendler wiederholt von Verspätungen betroffen sind;
- wenn der Zielbahnhof noch am selben Tag, jedoch mit Verspätung erreicht wird.

Da haben wir es wieder: Selbst die so genannten »Kundenrechte« nähren unsere Wut, sollten sie doch genau das Gegenteil bewirken. Die Bahn schützt sich selbst vor falschen Auskünften, in dem sie für solche Missgeschicke keinen Ersatz anbietet. Das kann sich sonst niemand leisten. Und als Pendler, die jährlich ungezählte Stunden durch Verspätungen verlieren, dürfen wir schon gar nicht auf Entschädigungen oder Ähnliches hoffen.
Es ist schon ein besonderer Scherz, wenn die Bahn eine Entschädigung verweigert, wenn der Zielbahnhof zwar mit reichlicher Verspätung, aber immerhin noch am selben Tag erreicht wird. Hat man einen wichtigen Geschäftstermin wahrzunehmen, der durch die Versäumnisse der Bahn platzt, gibt es nicht einmal einen teilweisen Ausgleich für die unnötige Fahrt. Kein Unternehmen kann sich gegenüber den Kunden ein solches Verhalten erlauben. Und wieder einmal gewinnt man den Eindruck, dass sich die *Deutsche Bahn* zum Ziel gesetzt hat, nicht Kunden zu gewinnen, sondern möglichst viele Kunden zu vergraulen und damit zu verlieren.

Kulanz gewährt das »Unternehmen Zukunft« nur in besonders krassen Fällen. Demnach erhalten:

- Bahnkunden im Fernverkehr bei einer erheblichen Verspätung von mindestens neunzig Minuten einen Reisegutschein in Höhe von fünfundzwanzig Euro;
- Reisende im ICE bei Verspätungen von mindestens dreißig Minuten einen Gutschein in Höhe von zehn Euro.

Allerdings sollte man danach fragen. Wer darauf wartet, dass der Schaffner freundlich mit dem Gutscheinblock winkend durch den Zug marschiert, der wartet nämlich oft vergebens.
Fazit: Bei den Fahrgastrechten haben Bahnkunden noch immer das Nachsehen.
Trotzdem: Lassen Sie sich nicht entmutigen. Auch nicht von den beiden folgenden Begebenheiten, von denen die *Berliner Zeitung* zu berichten wusste. Denn nur wenn Kunden auf ihre Rechte pochen, wird sich irgendwann auch etwas ändern.
Am 2. Mai 2003 hieß es in der *Berliner Zeitung: »Flimmern wenn der Zug kommt – Computerstörungen im Rathaus: Bahn soll Schadenersatz bezahlen«*
Wie kann das geschehen?
Jahrelang schon streitet sich das Bezirksamt Berlin-Spandau mit der *Deutschen Bahn AG*. Denn 2001 musste die Bezirksverwaltung rund zweihundertsiebzig Monitore im Rathaus ersetzen, weil sie immer zu flimmern anfingen, wenn ein Zug auf der dreißig Meter entfernten ICE-Strecke den benachbarten Bahnhof Spandau ansteuerte. Deren elektromagnetische Strahlung zerstöre die Röhrenmonitore im Rathaus, so die Meinung der Kommunalpolitiker.
Nachdem das Verwaltungsgericht die Klage im Februar 2002 abgewiesen hatte, hofften die Bezirksbeamten nun auf die

Einsicht des Eisenbahnbundesamtes, der obersten Aufsichtsbehörde für Bauvorhaben der Bahn.
365 000 Euro Schadenersatz verlangte die Bezirksverwaltung für die neuen Monitore – denn selbst der TÜV hat den schädlichen Einfluss der ICE-Strecke gutachterlich bestätigt.
Die Bahn sieht das natürlich ganz anders. Und schiebt alles auf das veraltete Stromnetz im Rathaus. Doch dann müssten eigentlich alle Monitore flimmern. Tun sie aber nicht. Und deshalb will man im Spandauer Rathaus hart bleiben – und vor das Bundesverwaltungsgericht ziehen, wenn alles nichts hilft.
Nur eine Woche später, am 9. Mai 2003, berichtete das Blatt über das Schicksal des Bahnkunden Guido L., dem die Bahn bei seiner BahnCard übel mitgespielt hat.
»Vielen Dank für Ihre Anfrage ... Hat ein Kunde der Deutschen Bahn ein Problem, dann möchte er sich beschweren. Tut er es, hat er noch ein Problem«, so die Zeitung.
Es geht um siebzig Euro, auf denen die Bahn sitzt wie die Glucke auf dem Ei. Guido L. kommt aus Düsseldorf, studiert in Passau und muss deshalb oft mit dem Zug fahren. Er bezieht die BahnCard im Abonnement. Anfang November 2002 hatte man ihm statt der BahnCard Junior die reguläre BahnCard zugesandt und dafür hundertvierzig statt siebzig Euro von seinem Konto abgebucht. Guido L. beschwerte sich und bekam Anfang Dezember zwar die richtige BahnCard zugesandt, das zu viel bezahlte Geld jedoch nicht zurückerstattet. Und damit begann der Ärger. Mitte Dezember fragte L. beim Kundenservice nach dem Verbleib seiner siebzig Euro. Die Antwort: den Vorgang habe man an die zuständige Stelle weitergeleitet.
Als Anfang Januar das Geld noch immer nicht auf seinem Konto war, schrieb er wieder einen Brief und setzte eine vierzehntägige Zahlungsfrist. Eine Antwort darauf erhielt er nicht. Im Februar, nachdem man ihm per E-Mail den Eingang

seiner Anfrage bestätigt hatte, rief Guido L. den BahnCard-Service an.
Dort erklärte man ihm, dass die Angelegenheit weiterhin bei der Rückerstattungsstelle liege und er noch etwas Geduld habe müsse.
Anfang März beschwerte Guido L. sich mithilfe eines Formulars über die Homepage der Deutschen Bahn. Auf der Seite »Kontaktaufnahme« ist eine hübsche junge Frau mit Telefonhörer in der Hand zu sehen. Sie lächelt warmherzig, wie die Mutter aller Kundenberater. Neben dem Bild steht: »Haben sie Fragen? Wir helfen Ihnen gerne weiter.« Eine Antwort erhielt Guido L. auch auf diese Anfrage nicht. Ende März rief er noch mal beim BahnCard-Service an. Auch diesmal wurde er mit den bekannten Ausflüchten vertröstet. So gingen die Monate ins Land ...
Anfang Mai hat er endlich sein Geld erhalten.

Ansprechpartner – wer hilft weiter?

Falls auch Sie Beschwerde führen möchten, haben wir noch ein paar Adressen. Zwar sind die Kunden der *Deutschen Bahn AG* oft auf die Kulanz des Unternehmens angewiesen. Doch es ist gut, zu wissen, wer über Kundenrechte informiert und weiterhelfen kann. Hier die wichtigsten Adressen:

Pro Bahn e.V.
Schwanthalerstraße 74
80336 München
Telefon: 0 89/54 45 62 13
Fax: 0 89/54 45 62 14
Internet: www.pro-bahn.de
E-Mail: info@pro-bahn.de

Verkehrsclub VCD
Eifelstraße 2
53115 Bonn
Telefon: 02 28/9 85 85-0
Fax: 02 28/9 85 85 10
Internet: www.vcd.org
E-Mail: mail@vcd.org

Verbraucherzentrale
Bundesverband e.V.
Markgrafenstraße 66
10969 Berlin
Telefon: 0 30/25 80-0
Fax: 0 30/25 80-5 18
Internet: www.vzbv.de
E-Mail: Fahrgastrechte@vzb.de

Informationen über Kundenrechte bietet ein Infoblatt der Verbraucherzentrale Bundesverband *(vzbv) und des Fahrgastverbandes* Pro Bahn. *Die Broschüre »Verbraucherschutz für Fahrgäste – Ihre Rechte bei Bus und Bahn« fasst alles zusammen, was für Sie als Kunde von rechtlicher Bedeutung ist. Unzufriedene Bahnkunden, und die soll es ja geben, können damit auf ihre Rechte pochen. Erhältlich ist das Info-Blatt gegen einen adressierten Rückumschlag beim Versandservice.*

vzbv
Postfach 1116
59930 Olsberg
oder im Internet unter www.fahrgast-rechte.de
oder www.vzbv.de

Und die Adresse der Beschwerdestelle für DB-Fernverkehr und BahnCard lautet:

DB Dialog
Konferenzzentrum Hannover
Postfach 1422
30014 Hannover
Telefon: 0 18 05/19 41 95
Fax: 0 18 05/19 41 91
Internet: www.bahn.de/kontakt

Vielleicht wollen Sie es ja wagen, mit der Deutschen Bahn in einen Dialog zu treten, doch viele Erfahrungen zeigen, dass damit der Ärger erst richtig beginnt.

Freund oder Feind?

Der Fahrgastverband *Pro Bahn*
von Rainer Engel, *Pro Bahn*

Die Bahn hat mehr Freunde, als mancher glaubt. Doch die meisten Freunde der Eisenbahn sind ratlos: Warum ist die Bahn nicht für alle attraktiv, die einfach nur mitfahren wollen? Ein kleiner Verein behauptet von sich, viel über dieses Thema zu wissen. Doch die Manager der *Deutschen Bahn AG* nehmen dessen Kritik und Vorschläge nicht ernst und ziehen stattdessen vor Gericht – bis die Kunden der Bahn mit der Geldbörse abstimmen und damit wirkungsvoll zum Ausdruck bringen, was sie von der Unternehmenspolitik der Deutschen Bahn halten.
Was sind das für Leute, die sich trauen, ihre Stimme gegen ein so großes Unternehmen zu erheben?

Die Freunde der Bahn sind ratlos

Wenn irgendwo eine Dampflokomotive angekündigt ist, dann ist der Bahnsteig schwarz von Menschen. Die Augen der Kinder und der Erwachsenen glänzen, der durch Mark und Bein gellende Pfiff weckt Erinnerungen. Doch kaum ist die Dampflok weg, sind auch die Menschen verschwunden. Verlassen wirken die Bahnsteige, die Schienen rosten, altmodische, fast leere Waggons holpern über faulende Schwellen. Ist die Eisenbahn schon von allen verlassen? Hat sie überhaupt noch Freunde?
Die Eisenbahn hat viele Freunde. Es sind viel mehr, als die Deutsche Bahn glaubt. Ein Teil davon organisiert sich in

Museumsbahn-Vereinen und zeigt an Sonn- und Feiertagen mit Dampf und Nostalgie, wie die Eisenbahn einmal war. Das ist wichtig, aber das allein reicht nicht, um die Zukunft zu gestalten.

Ein anderer Teil unternimmt etwas – in den Unternehmen. Da gibt es die Eisenbahner in den kleinen Eisenbahn-Unternehmen, die ihre Bahn über Jahrzehnte hinweg mit Zähigkeit und Einfallsreichtum gerettet haben, im Badischen, in Württemberg oder in Nordfriesland. Die »Privatbahnen« wurden oft belächelt, aber sie sind in Wirklichkeit die Keimzelle der künftigen Bahn. Aus diesem Umfeld kommen die revolutionären Ideen: mit der Straßenbahn auf Eisenbahnstrecken ins Land hinausfahren wie in Karlsruhe, Schüler statt mit dem Bus wieder mit der Bahn befördern wie in Tuttlingen, leichte Triebwagen bauen und damit jede halbe Stunde eine Verbindung anbieten wie in Düren.

Die meisten anderen Freunde der Eisenbahn sind ratlos. Man trifft sie überall. Zum Beispiel im Bahnhof, wenn es neue Kursbücher gibt. Sie fallen manchmal dadurch auf, dass sie die Fahrpläne auch ohne Kursbuch kennen. Doch die meisten von ihnen bleiben unerkannt. Sie sitzen auch im Bundestag und den Landtagen. Sie bekommen seit Jahren von der großen Staatsbahn zu hören: Das ist alles unwirtschaftlich. Das geht technisch nicht. Oder im denkwürdigen Dezember 2002: Unser Tarif ist genial – ihr begreift das System nur nicht. Ratlos müssen sich die Freunde der Bahn dem angeblichen Sachverstand der großen Eisenbahn beugen – und spüren doch: Das kann so nicht stimmen, was die Herren erzählen.

Und dann bekommt der eine oder andere eine Zeitschrift in die Hand. »Der Fahrgast«, so heißt das Blatt der Eisenbahnfreunde. Und dort steht so manches, was den Gewaltigen der großen Bahn ungeheuerlich erscheinen mag. Aber in dieser Zeitschrift finden die Freunde der Bahn Antworten auf bislang unbeantwortete Fragen: Warum fahren die, die am Sonntag zur Dampflokomotive kommen, in der Woche lieber mit dem Auto? Warum rosten die Schienen, verfallen die Bahnhöfe? Warum fahren die Züge in der Schweiz so oft, so pünktlich und so schnell – und bei uns nicht? Warum gibt es Bahnlinien, die gestern noch stillgelegt werden sollten – und heute reichen die Waggons nicht, weil so viele mitfahren wollen?

Hinter dieser Zeitschrift steht eine kleine Gruppe von Bürgern, die Bescheid wissen. Sie sind wach geworden durch die bohrenden Fragen. Und sie klären auf. Inzwischen wissen das auch viele Journalisten: Da bekommt man gesagt, was die Offiziellen verschweigen.

Die, die aufklären, sind Mitglieder bei *»Pro Bahn«*, ein Verein, der sich Fahrgastverband nennt und sich mit der Bahn anlegt. Sind das nun Freunde oder Gegner der Bahn?

Andere Erfahrungen als die Manager

Die Bahn braucht Freunde, denn sie hat viele Feinde und Totengräber. Einer dieser Feinde ist die Ignoranz. Sie ist vor allem unter Kommunalpolitikern verbreitet, die einfach nicht glauben wollen, dass eine Eisenbahn attraktiv sein kann, dass die Leute in Scharen mitfahren würden, wenn sie so organisiert wäre, wie man sich das als Fahrgast wünscht, und dass ein schöner Bahnhof mit attraktiven Anschlüssen auch ihrer Stadt und ihrem Landkreis Vorteile bringt.

Zu den Feinden der Bahn zählen auch Ministerialbeamte, die noch nie eine Haltestelle benutzt und noch nie eine Fahrkarte gekauft haben, aber behaupten, es sei alles so in Ordnung, wie es ist. Auch unter der rot-grünen Bundesregierung sitzen sie noch fest im Sattel.

Und Politiker, die die Bahn als Arbeitsbeschaffungsmaßnahme missbraucht haben und das immer noch tun – deshalb gibt es noch so viele altertümliche Stellwerke –, gelten gemeinhin als Totengräber der Bahn.
Ein großes Problem sind die Manager der *Deutschen Bahn AG*, die nicht wirklich etwas von ihren Kunden verstehen und vier Stunden Bahnfahrt für unzumutbar halten, weil sie ihr Unternehmen mit einer Airline verwechseln. Bahnchef Hartmut Mehdorn selbst hat Bahnfahren als Tortur beschrieben und behauptet, dass die Kritiker alle eine Modellbahn im Keller hätten und deshalb bei der großen Bahn mitspielen wollten. Wen wundert es, dass er einen Verein, den er so einschätzt, als »Pro Mecker« bezeichnet hat? Er hatte zuvor noch nie mit Vertretern von *Pro Bahn* gesprochen.
Manager, die nichts von ihren Kunden wissen, können auch nicht produzieren, was ihren Kunden gefällt. Manager, die nie eine Fahrkarte selbst gekauft haben, nie zweimal umgestiegen sind und dabei mindestens einmal um ihren Anschluss gezittert haben, sind wie Pizzabäcker, die nie selbst von ihrer Pizza gekostet haben. Nur solchen Managern fällt es ein, in der Werbung ihre Kunden lächerlich zu machen, weil die bei drei Minuten Verspätung unruhig werden. Nur solchen Managern gefällt es, ein Tarifsystem genial zu nennen, mit dem weder die Fahrgäste noch die Fahrkartenverkäufer zurechtkommen.

Des Kaisers neue Kleider

Betrachte ich die Verhältnisse bei der Bahn, kommt mir das Märchen von des Kaisers neuen Kleidern in den Sinn: Ein Berater aus einem fremden Land schwatzt dem Kaiser neue, kostbare Kleider auf, die noch niemand gesehen hat. Alle Berater sagen, dass die Kleider einmalig schön sind. Erst ein

Kind steckt dem Kaiser zu, dass er nackt ist – da erkennt er, dass ihn seine Berater betrogen haben.
So weit war der Bahnchef noch nicht, als ihm gleich nach Einführung des genialen Tarifsystems zu Weihnachten 2002 die Titelzeile einer Boulevardzeitung entgegenprangte: »Jeder zweite zahlt zu viel!« Hätte er die Zeitung aufgeschlagen, so hätte er genau lesen können, warum das da stand, denn noch nie hatte so große Verwirrung geherrscht – und zwar bei den Bediensteten an den Schaltern. Dermaßen viele unterschiedliche Preisauskünfte für ein und dieselbe Verbindung waren in der Tat ein Novum. Ganz normale Leute hatten die Preise erfragt – nämlich die Redakteure der Zeitung. Und weil auch sie völlig ratlos vor dem Widerspruch von Werbung und Wahrheit standen, fragten sie bei *Pro Bahn* nach, was denn davon zu halten sei.
Das von den Bahn-Verantwortlichen als »geniales Preissystem« bezeichnete Chaos war in Wirklichkeit nur ein Rabattsystem, das man sich von den Fluglinien abgekupfert hatte. Es wurde zu einem Zeitpunkt eingeführt, als die Fluglinien längst erkannt hatten, dass es zu kompliziert ist.
Auch für den Betrieb einer Eisenbahn genügt ein Rabattsystem nicht. Dieses System mit Tausenden von Bahnhöfen und Dutzenden von beteiligten anderen Unternehmen ist wesentlich komplizierter als eine Airline. Für die neuen Rabatte hätte man ein neues, geniales Computersystem entwickeln müssen – das derzeitige hat schon fast zwei Jahrzehnte gedient. Aber bis das zur Verfügung steht, wollte der Kaiser der Bahn nicht warten – so mussten neue, geniale Kleider für die alten Computer her. Doch wenn der Wind unter den Rock fährt und die Schöße flattern, kommt der alte Computer mit allen alten Problemen zum Vorschein.
Eine Fahrkarte von Berlin nach München ist rasch verkauft, das ist der Traum eines Fahrkartenverkäufers. Aber, o

Schreck, der Fahrgast will weiter nach Bad Tölz! Der Heimcomputer sagt: »Preisauskunft nur teilweise möglich.« Nach Bad Tölz fährt die Bahn auch. Nein, nicht »Die Bahn«, sondern die *Oberlandbahn* – ein unlösbares Problem im Zeitalter des Computers? Nein, am Fahrkartenschalter kann man das bewältigen. Doch es kommt noch schlimmer. Der Fahrgast fragt: »Ich möchte die billigste Verbindung, und auf der Rückfahrt möchte ich noch drei Tage meine Cousine in Stuttgart besuchen.« Wenn man dann in der Warteschlange hinter einem solchen Kunden steht, kann man getrost nach Hause gehen. Dann wird der Fahrkartenkauf zum Abenteuer und dauert mindestens eine halbe Stunde. Drei Tage Fahrtunterbrechung sieht der Tarif nicht mehr vor. Um trotzdem einen günstigen Preis oder gar Rabatt zu bekommen, muss man Tricks anwenden. Für die Hinfahrt gibt es ein halbes Dutzend Alternativen, für die Rückfahrt auch – mit jeweils unterschiedlichen Rabatten und Preisen. Wer das bewältigt, kann sich glücklich schätzen – aber wehe, es gibt eine Verspätung, dann ist der Ärger mit dem Personal unausweichlich. Denn die Fahrkarte ist nur im gebuchten Zug gültig! Vor dem 15. Dezember 2002 war das alles kein Problem, da kaufte man sein Ticket zum »Sparpreis«. Der war vier Tage gültig, der Reiseweg war gleichgültig. Das war so einfach wie voll tanken. Oder man hatte eine BahnCard. Dann wusste man, man ist immer gut bedient, man muss nicht um den letzten Cent feilschen.

Maulkorb vom Gericht

Ein Kaiser, der nicht glauben will, dass er nackt ist, zieht vor Gericht. Kritik ist Majestätsbeleidigung, dahinter steckt eine böse Absicht und sonst nichts – das gehört erst einmal verboten. Doch der scharfe Wind der Realität ist gnadenlos, er weht unsichtbare Kleider genauso weg wie geniale Bahntarife. Noch bevor das Gericht überhaupt über den einstweilen verhängten Maulkorb verhandeln konnte, musste der Kaiser der Bahn mehrere Berater entlassen, um seinen Thron zu retten. Nun soll ein neues Vorstandsmitglied innerhalb von wenigen Wochen einen neuen Mantel schneidern, der das Unternehmen Zukunft warm hält. Und der hat es geschafft – mitten im heißen Sommer wurde die Reform des Preissystems verkündet. »Einfach fahren« heißt der neue Slogan. Hoffentlich kommt das bei den Fahrgästen an, die schon den Glauben an die Bahn verloren haben.

Nein, zaubern kann auch ein neuer Berater nicht, die Computer und ihre Probleme sind noch die alten. Aber auch das ist zugesagt: Sie sollen erneuert werden.

Das hatte *Pro Bahn* schon vorher gesagt. Mit einem Federstrich sind die Probleme nicht zu lösen. Aufgrund eigener Erfahrung und zahlloser Zuschriften kennen die Leute von *Pro Bahn* die Probleme und können auch die Ursachen benennen. Doch wie lange dauert es, bis die Botschaft beim Kaiser ankommt? Mehr als ein halbes Jahr hat es gedauert.

Vorher traf man sich bei Gericht. Da wurde noch versucht, die Vergangenheit zu bewältigen. Einen Monat später sah es wieder so aus, als könnte man zusammen über die Zukunft reden.

Was sind das für Leute?

So einfach sind diese Eisenbahn-Enthusiasten nicht zu finden. Sie demonstrieren nicht. Sie sitzen zu Hause an ihrem Schreibtisch. Oder sie sitzen selbst im Zug. Sie bezahlen ihre Fahrkarten aus der eigenen Tasche, weil sie nicht bei der Bahn arbeiten. Sie engagieren sich in ihrer Freizeit für die Bahn, von der sie nichts weiter erwarten als ein Angebot, bei dem sich der Kunde gut bedient weiß.

Es ist rund fünfundzwanzig Jahre her, da wurde immer deutlicher, dass es so nicht weitergehen kann mit der Bahn. Zuerst wurde das draußen auf dem so genannten »flachen Land« sichtbar. Hier und dort bildeten sich Gruppen, die den Niedergang des bewährten Verkehrssystems nicht hinnehmen wollten, aber die meisten erkannten nicht, dass ein landesweites Problem dahinter steckt. Der Wuppertaler Geschäftsmann Paul Straka hatte die Idee, einen bundesweit tätigen Verein zu gründen, um diese Interessen zu sammeln und zu bündeln – 1981 gründete er *Pro Bahn.* Zwei Jahre später scharte der frühpensionierte Eisenbahner Kurt Bielecki in Horb am Neckar Freunde um sich, um einmal im Jahr zu diskutieren und Wissen auszutauschen. Seither treffen sich alljährlich rund zweihundert Aktive im November zu den »Horber Schienen-Tagen«. 1989 übernahm Kurt Bielecki die Führung von *Pro Bahn.* Die Bewegung ist inzwischen gefestigt und zeigt Stärke; auch nach dem Tod von Straka und Bielecki bestehen sowohl die »Horber Schienen-Tage« wie der Verband weiter.

Bei *Pro Bahn* finden sich viele Interessen: die Liebe zur Technik, die Faszination des Verkehrsmittels Bahn, das Interesse am Erhalt einer lebenswerten Umwelt, das Wissen um die Bedeutung eines funktionsfähigen öffentlichen Verkehrs für die Attraktivität des Standorts Deutschland, aber auch der schlichte Wunsch, Kunde eines attraktiven Verkehrssystems zu sein.

Das gemeinsame Ziel ist ein besseres öffentliches Verkehrssystem mit Bahnen und Bussen. Dadurch profilierte sich der Verband auch als Verbraucherverband. Während noch in den achtziger Jahren »Fahrgast- und Umweltverbände« als Synonym galten, zeichnet sich heute ab, dass trotz gleich lautender Interessen auch Gegensätze aufeinander prallen

können und ausgeglichen werden müssen. Streckenausbau kontra Umweltschutz, Hochgeschwindigkeitsverkehr kontra »sanfter Verkehr«, Inbetriebnahme von stillgelegten Bahnlinien kontra Biotopschutz im Gleisschotter. Dabei steht *Pro Bahn* für einen ganzheitlichen Ansatz des Umweltschutzes ohne ideologische Ausrichtung und ohne Berücksichtigung von Einzelinteressen.
Ein wichtiges Arbeitsfeld sind die Rechte der Fahrgäste. Auch hier hat der Verband die Vorstellung der Bundesregierung, dass doch alles in Ordnung sei, erschüttert. Die Schlagworte »Fahrgast ohne Rechte« und »Lotterielos Fahrkarte« kennzeichnen die Situation der Fahrgäste bei Verspätungen und Betriebsstörungen. Dass die Rechtsgrundlagen aus dem Jahre 1938 stammen, ist inzwischen allgemein bekannt. Ein vom Verbraucherschutzministerium gefördertes und von *Pro Bahn* und der Verbraucherzentrale (Bundesverband) getragenes Projekt soll Licht in das Dunkel einer unbekannten Materie bringen.

Die neue Bahn ist schon da

Die »neue Bahn« – so, wie die Fahrgäste sie sich wünschen – ist schon da. Vereinzelt noch, aber immer öfter stößt man auf neue Bahnsteige, moderne Triebwagen, engagierte Mitarbeiter, verständliche Tarife. In vielen Fällen steht dahinter das Gedankengut von *Pro Bahn.* Oft sind es sogar Mitglieder des Verbandes, die in aller Stille in den Unternehmen neue Wege beschreiten. Das politische Feld, auf dem sie aktiv werden können, bereitet *Pro Bahn:* Schon seit einiger Zeit fährt die Regiobahn von Düsseldorf nach Kaarst und Mettmann – dank der unermüdlichen Arbeit eines *Pro Bahn*-Mitglieds. Die Regiobahn befördert so viele Fahrgäste, dass ständig neue

Triebwagen nachgekauft werden müssen – vor fünfzehn Jahren sollte noch alles stillgelegt und abgerissen werden. Zum Jahresende 2003 wird die Straßenbahn von Karlsruhe aus quer durch Wildbad bis zum Kurpark fahren. Auch dahinter steckt die unermüdliche Arbeit von *Pro Bahn*. Im Umland von München wird über eine Stadtbahn sehr ernsthaft diskutiert. Die Züge ins Tiroler Außerfern fahren wieder. In Detmold fährt der Stadtbus jede Viertelstunde. Das und vieles andere sind Erfolge von *Pro Bahn*.

Dieser Geist, der Veränderung schafft und den Aufbruch möglich macht, zieht Kreise. Ganze Regionen entwickeln sich zu einem Musterland in Sachen öffentlicher Verkehr – wie sähen sie wohl aus, gäbe es *Pro Bahn* nicht? Die neue Bahn kommt nicht von selbst. Hinter den neuen Bahnen stehen die »Besteller«, die im Auftrag der Landesregierungen die Zuschüsse verwalten. Auch dort ist *Pro Bahn* gern gesehen, arbeitet in Fahrgastbeiräten mit und begleitet die Arbeit kritisch und konstruktiv.

Hoch im Norden, zwischen Nord- und Ostsee, gibt es einen Aufbruch, der in dieser Form, Geschwindigkeit und Konsequenz seinesgleichen sucht. Dort fahren die Züge mindestens jede Stunde und bis in die Nacht. Seit Dezember 2002 treffen sie sich auch überall in den Bahnhöfen zur gleichen Zeit zum Rundumanschluss – die wegweisenden Konzepte stammen von *Pro Bahn*. Ein eigener Landestarif ist darauf angelegt, dass man Bahn und Bus im Verbund nutzen kann – im Fahrgastbeirat, der darüber diskutiert, sitzt *Pro Bahn*. Seit Dezember 2002 fährt dort auch der erste Schnellzug zwischen Hamburg und Flensburg in privater Regie und im Auftrag des Landes – überall stößt man auf Gedanken von *Pro Bahn*. In zwei Jahren wird die zweite große Linie von Hamburg nach Westerland mit einem völlig neuen Gesicht starten, dann wird »Nord-Ostsee-Bahn« auf den Zügen stehen. Und wieder werden die Aktiven von *Pro Bahn* dabei sein, wenn es gilt, neue Ideen zu entwickeln, um das Konzept noch erfolgreicher zu gestalten.

Warum ist hier immer von den Konkurrenten der *Deutschen Bahn AG* die Rede? Und warum nicht von den Erfolgen des Marktführers? Auf einem Markt, der übermächtig von der Bahn mit den roten und weißen Zügen dominiert ist, sind die »bunten« Bahnen zum Erfolg verurteilt. Der kleinste Fehltritt, und die neuen Unternehmen sind finanziell am Ende. Ohnehin müssen sie sechzig Prozent ihrer Erträge an die Deutsche Bahn abführen – für die Benutzung der Schienen und Bahnhöfe, und von Schikanen seitens der Deutschen Bahn berichten sie auch öfter. Die »bunten« Bahnen kennen nur einen Weg zum Erfolg: den zufriedenen Kunden. Und deshalb sind sie *Pro Bahn* gegenüber aufgeschlossen.

Gute Ideen sind ein unersetzliches Kapital, und davon können die Eisenbahnunternehmen bei *Pro Bahn* immer etwas bekommen. Wer sich kennt, spricht miteinander und streitet sich nicht in der Öffentlichkeit. Wenn Vorschläge auf offene Ohren treffen, kritische Briefe ernst genommen und nicht mit Textbausteinen beantwortet werden, wenn Mängel rasch abgestellt werden, dann teilt man die Einschätzung, dass die Bahn unentbehrlich ist und die Politik davon überzeugt werden muss. Das ist bitter nötig, denn die Bahnen müssen für die Zuschüsse, die sie bekommen, auch etwas vorweisen.

Diesen Umgangsstil pflegen die »bunten« Bahnen auch gegenüber den Kommunen, gegenüber den Landkreisen und den Regionen. Sie gehen ganz bewusst auf Bürgermeister und Gemeinderäte zu, arbeiten mit lokalen und regionalen Verbänden zusammen, informieren die regionale Presse und schaffen regionale Identitäten. Der Erfolg sind fast immer steigende Fahrgastzahlen.

Diese Erfolge könnte die »große« Bahn auch haben. Das zeigt

die Usedomer Bäderbahn, die bisher als einzige Tochter Handlungsfreiheit im Konzern genießt. Auf der Ostseeinsel ist die Bahn, die eigentlich schon aufgegeben war, zu einem Erfolgsschlager geworden. In der Saison fahren die Triebwagen mit den Wellen auf den Seitenwänden alle zwanzig Minuten, und bald werden sie auch die Grenze nach Polen überschreiten.
Die meisten Mitarbeiter der Deutschen Bahn können von so viel Eigenverantwortung nur träumen. Mancher ist schon aus Frust zur Konkurrenz gegangen, andere haben dem Unternehmen innerlich gekündigt, viele tun ihre Arbeit nach besten Kräften und haben es nicht verdient, gescholten zu werden, denn sie können die verkrusteten Strukturen nicht aufbrechen.
Dagegen etwas zu unternehmen, damit tut sich die »große« Bahn schwer. Der Ballast der Vergangenheit ist ein schweres Erbe, finanziell, aber auch mental. Wenn die Manager vor Ort mehr Freiheit hätten, würde sich so manches auch dort schneller bewegen. Es gibt erste Ansätze dafür, aber noch überzeugen sie nicht so richtig. Und der Wirbel um die Tarife hat so manchen Erfolg untergehen lassen.

Regionale Identität ist die Zukunft

Der Fernverkehr der Bahn leidet an Auszehrung. Die Interregio-Züge wurden abgeschafft, weil das zentral geführte Unternehmen DB nicht fähig war, die regionale Zusammenarbeit zu suchen und ihre Chancen zu nutzen. Ist der Sony-Tower am Potsdamer Platz in Berlin, in dem Hartmut Mehdorn residiert, zu hoch? Die Menschen, die mit der Bahn fahren, sehen von dort oben aus wie Ameisen.
Der schärfste Konkurrent der Deutschen Bahn, die Connex-Regionalbahn, setzt ganz bewusst auf regionale Identität und

lokale Zusammenarbeit. Andere regionale Bahnen wie die Prignitzer Eisenbahn identifizieren sich ebenfalls regional.
Solch eine regionale Basis fehlt dem Fernverkehr mit ICE-Zügen. Solange er abgehoben wie eine Fluglinie organisiert ist, wird er nur begrenzten Erfolg haben. Die Erfahrung der letzten Monate zeigt, dass die Fluglinien dem ICE das Wasser abgraben. Die immer zahlreicheren S-Bahn-Zubringer zu den Flughäfen helfen den Airlines dabei. Erst wenn der ICE wieder auf dem Boden der Regionen ankommt (hinsichtlich Tarifen, Marketing und Service), wird auch der Fernverkehr wieder ein Erfolgsschlager.
Aber bis dahin wird *Pro Bahn* noch sehr viel Überzeugungsarbeit leisten müssen. Das erfordert einen langen Atem. Aber mancher Aktive hat schon viele Bahnvorstände und Verkehrsminister kommen und gehen sehen. Die Botschaften an diese Vorstände und Politiker sind immer dieselben. Vielleicht hört ja mal einer zu ...
Weitere Informationen erhalten Sie bei

Pro Bahn
Schwanthalerstraße 74
80336 München
Telefon: 089 / 54 45 62 13
Telefax: 089 / 54 45 62 14
E-Mail: info@pro-bahn.de
Internet: www.pro-bahn.de
www.der-fahrgast.de
www.fahrgast-rechte.de

Auf der Suche nach der verlorenen Zeit

Kein Roman, sondern die harte Wirklichkeit

Sicher sind wir uns schnell einig, dass wir in viel zu hektischen Zeiten leben. Wir rennen der täglichen Arbeit und dem Erfolg ebenso hinterher wie dem bisschen Freizeit, die wir uns durch die tagtägliche Hast zu verschaffen glauben. Doch Zeit ist ja beileibe nicht alles, das haben uns schon berühmte Philosophen vermittelt, zum Beispiel Diogenes, der stoisch in seiner Tonne saß und die Zeit Zeit sein ließ. Daneben gibt es, fern jeglicher Philosophie, jene – allerdings auch schon von der Zivilisation eingeholten – Naturvölker, in deren ursprünglichem Sprachschatz es gar keinen Begriff für »Zeit« gibt. Sie kennen und brauchen deshalb keine Uhr. Ihnen genügen Sonne und Mond, um deutlich zu machen, dass ein neuer Tag oder eine neue Nacht angebrochen ist. Doch stoische Philosophen und Naturvölker sind das eine. Das andere aber ist die Realität hier in unserer Gesellschaft. Wir leben nun mal nicht wie Diogenes in einer Tonne, und wir befinden uns auch nicht in irgendeinem Südseeparadies, wo die Kokosnüsse, die Mangos und die Papayas von alleine von den Bäumen fallen, wo kulinarische Leckerbissen, für die wir im Gourmet-Restaurant ein Vermögen zahlen, einfach unbehelligt im Meer umherschwimmen. Nein, wir leben eben nicht im Paradies, in dem es keine »Zeit« gibt. Und auch wenn wir uns täglich immer wieder sagen, dass wir uns nicht allzu sehr hetzen lassen sollten und auch selbst nicht hetzen, so sind wir doch – und da sind auch bestbezahlte Manager nicht ausgenommen – einem gewissen Zeitdiktat unterworfen, das unsere Art des Lebens und Wirtschaftens nun mal so mit sich bringt. Dazu gehört, dass die Menschen einigermaßen pünktlich zur Arbeit kommen und sich an zeitlich begrenzte Vereinbarungen halten.

Nun, zu den so gut bezahlten Topverdienern gehöre ich beileibe nicht: Sie werden – auch sie müssen ja pünktlich sein – von ihren Fahrern zu Hause abgeholt und in weich gefederten Karossen in ihre klimatisierten Vorstandsbüros gekarrt. Ich dagegen bin – ohne diesen Menschen gram zu sein – auf die S-Bahn angewiesen. Eigentlich eine feine Sache, diese S-Bahn. Da waren wir zwar seit Ende des 19. Jahrhunderts durch die Bahn an die große weite Welt angebunden, doch mit der S-Bahn wurde endlich auch das Überbrücken vergleichsweise kurzer Strecken in städtischen Ballungsgebieten erleichtert.

Doch auch die S-Bahn hat so ihre Tücken. Nein, ich meine nicht, dass viel zu wenig Wagen dranhängen und die meisten S-Bahn-Züge hoffnungslos überfüllt sind. Und es geht mir im Moment auch nicht darum, dass in den S-Bahn-Zügen im Gegensatz zu anderen Zügen keine Toiletten mehr vorhanden sind. Das ist eine andere Geschichte. Vor allem geht es mir auch nicht darum, dass unsere S-Bahn-Züge in der Region Stuttgart, in München oder anderswo verschmierter und verschmutzter sind als etwa die Untergrundbahn in London oder in Rom. Zumindest ist dies mein Eindruck, wenn ich aus diesen Ländern zurückkehre.

Nein, was ich ansprechen will – und hier stehe ich gewiss nicht allein –, das ist der heimliche Diebstahl von Zeit, den die S-Bahn oder vielmehr ihre Betreiber zu verantworten haben. Angefangen hat es vor gut zehn Jahren. Damals scheinen die Verantwortlichen des Verkehrsverbundes Stuttgart (VVS) vom alten Diogenes und seiner Tonne gehört zu haben. Ob die wohl nicht in Büros sitzen, sondern in Fässern, um die herum sie sich ihre Kreise nicht stören lassen wollen? Vielleicht gehören die Verantwortlichen des VVS auch zu jenen grauen Herren, die in grauen Mänteln mit grauen Gesichtern in Michael Endes Geschichte von Momo und ihrer Schildkrötenfreundin Kassiopeia den Menschen das Wertvollste stehlen, was sie haben: Zeit. Nein, nicht dass Sie denken, wir wollten hier eine einzelne Verspätung oder ein anderes Missgeschick anklagen. Keineswegs. Uns geht es um den systematischen Zeitklau.

Da ist die S-Bahn mit der Nummer S4, und die fährt bei mir am Ort um 7.41 Uhr los. Von wegen Unpünktlichkeit und so, das klappt nahezu immer. Und wenn mal wirklich in einem strengen Winter – aber den gibt's ja fast nicht mehr – der Zug mal Verspätung haben sollte, dann macht das ja auch nichts aus. An der Abfahrt liegt es also nicht. Nein, es liegt an der Ankunft. Denn wer pünktlich abfährt, der kommt noch lange nicht pünktlich an. Das musste ich im Laufe vieler Jahre gemeinsam mit meinen morgendlichen Mitreisenden viele hundert Mal erfahren. Das Ganze spielt sich wie folgt ab: Der Zug, der da um 7.41 Uhr abfährt, sollte normalerweise nach einer Fahrtzeit von achtundzwanzig Minuten um 8.09 Uhr ankommen. Doch weit gefehlt! Täglich beschert uns die S-Bahn eine faszinierendes Stillleben. Sie stoppt nämlich vor der Einfahrt in den Hauptbahnhof von Stuttgart, um uns morgendlichen S-Bahn-Fahrerinnen und -Fahrern, die immer wieder aufs Neue interessante Ansicht nackter Bürofassaden, verwirrender Rangiergleise und verstopfter Straßen zu präsentieren. Glauben Sie mir, liebe Leserinnen und Leser, ich kenne mittlerweile jedes Fensterloch, jede Reklametafel, im Sommer jeden Sommerflieder am Bahndamm und jede Goldrute, die sich zwischen den Gleiskörpern emporgeschummelt hat, um dem tristen Bild der Gleise einige bunte Farbtupfer zu verleihen. Auch über die aktuellen Kinoprogramme bin ich stets bestens informiert, da eines jener Großkinos vor einigen

Jahren seine Zelte – oder vielmehr die blanken Beton- und Glaswände – hier aufgeschlagen hat. Nichts kann den aufmerksamen S-Bahn-Fahrern entgehen, weil die Bahnbetreiber dafür sorgen, dass die Züge morgens, entgegen dem Fahrplan, zwischen fünf und acht Minuten reglos auf dem Gleis stehen, bevor sie in den ersehnten dunklen Schacht des Stuttgarter Hauptbahnhofes einfahren. Zu entschuldigen gibt's da schon lange nichts mehr, weil diese Verzögerung zum täglichen Ritual gehört.

Nun mögen Sie denken, was sind schon fünf oder acht Minuten? Aber gehen wir mal von einem Durchschnitt von sechs Minuten aus, so sind dies in der Arbeits-Woche – also an fünf Arbeitstagen – schon dreißig Minuten, im Monat zwei Stunden. Gehen wir jetzt mal von zweihundert Arbeitstagen aus – so viel arbeiten die wenigen Deutschen, die noch arbeiten, in der Regel –, dann sind es im Jahr 1200 Minuten oder umgerechnet zwanzig Stunden. Seit zehn Jahren geht das jetzt nun schon so, das macht immerhin zweihundert Stunden oder (je acht Stunden Schlaf und acht Stunden Arbeit nicht mitgerechnet) fünfundzwanzig Tage oder rund dreieinhalb Wochen. Gehe ich jetzt davon aus, dass ich einmal bis mindestens zum 67. Lebensjahr berufstätig bin, und die demographische Entwicklung und deren Berücksichtigung durch unsere Politiker deuten darauf hin, dann sind dies von heute an gerechnet noch einmal zwanzig Jahre, das macht zusätzliche 24 000 Minuten oder vielmehr vierhundert Stunden oder gut sieben Wochen – seien wir großzügig und sagen sieben *wache* Wochen, denn von der Nacht und von der Arbeit wollen wir gar nicht reden. Merken Sie jetzt, wie das geht mit den Zeitdieben? Auf dreißig Jahre sind das also im S-Bahnfahrer-Leben rund zehn Freizeit-Wochen, vorsichtig gerechnet. Denn oft hält die S-Bahn ja viel länger. Und nicht nur die genannte S-Bahn, sondern auch andere Züge, die zu anderen Zeiten fahren. Jetzt fehlt nur noch, dass das Finanzamt eine zweite Lohnsteuerkarte von mir verlangt, weil es den Verdacht hegt, ich sei bei der Bahn beschäftigt, weil ich dort so viel Zeit verbringe.

Nehmen wir zur Veranschaulichung der gesellschaftlichen Tragweite des Problems einen S-Bahn-Zug mit durchschnittlich vierhundert Sitzplätzen und durchschnittlich hundert zwangsweise stehenden Fahrgästen (eine noble, weil untertriebene Annahme), dann stiehlt die S-Bahn umgerechnet auf dreißig Jahre allein diesen Menschen 5000 Freizeitwochen, das sind sage und schreibe 35 000 Freizeittage. Ja, so werden wir im wahrsten Sinne zu Zeitreisenden. Nicht dass wir die Zeiten wechseln wie im Sciencefictionroman, sondern zusammen mit der S-Bahn reisen wir auf gestohlener Zeit.

Da die Dauerverspätung mindestens noch drei andere Züge in der gleichen Richtung trifft, sind dies durchschnittlich 140 000 Tage oder 383 Jahre gestohlene Freizeit. Aber dabei bleibt es ja nicht. Stellen wir uns einmal vor, dass das auf allen Strecken im Großraum Stuttgart, ja in allen deutschen Ballungsräumen geschieht, das macht dann ...

Jetzt könnte man sagen, dass die Leute ja in der Zeit etwas lesen oder irgendetwas anderes Sinnvolles tun könnten. Doch was kann man in den sechs Minuten denn schon machen? Die Zeitung gibt längst nichts mehr her, wenn man die Einfahrt zum Hauptbahnhof erreicht hat. Auch der morgendliche Plausch mit den Zug-Bekanntschaften erschöpft sich früher oder später, weil das gemeinsame Lamentieren über die gestohlene Zeit irgendwann genauso langweilig wird wie die Erzählung des Banknachbarn, dessen Nichte unglücklich in Amerika verheiratet ist, oder der Dame gegenüber, die jeden Morgen ihren Mitreisenden neue Kochrezepte verklickert, wobei es beiden besser anstehen würde, über Diät- und Fitnessprogramme zu diskutieren. Für all dies bezahle ich gegenwärtig im Jahr 834 Euro. So viel kostet meine Jahreskarte. Ob ich dem VVS eine Rechnung schreibe über die verlorene Zeit?

Alles hat seinen Preis

Wie die Bahn Kulanz buchstabiert

Ein Nachbar von mir ist ein typischer Gelegenheitsfahrer. Er ist Berufssoldat, sein derzeitiger Dienstort ist Koblenz. In den Jahren, die wir als Nachbarn nebeneinander wohnen, war er schon an vielen Orten eingesetzt. Sogar einige Monate auf dem Balkan, und jetzt eben in Koblenz. Die Familie, wer versteht dies nicht, wollte nicht dauernd mit umziehen. Also pendelt Väterchen. Nachdem der Zweitwagen, ein alter Passat Diesel, einmal eine Fahrt nicht überstanden hatte, stieg er auf die Bahn um. Mit der BahnCard war das Reisen bis zur Tarifreform im Dezember 2002 sogar finanziell tragbar.

Von Rheinbach nach Koblenz kostet eine Fahrt mit der alten BahnCard 6,20 Euro. Eine Fahrkarte bekommt man am Rheinbacher Bahnhof aber nur, wenn der Fahrkartenautomat Lust hat. Der Schalter ist längst abgeschafft, und der Automat auf dem Bahnsteig hat auch nicht immer Lust. Und auch der in der Bahn selbst funktioniert nicht immer.

Es kann also vorkommen, dass man ungewollt ohne Fahrkarte bis nach Bonn fahren muss, und spätestens dort geht dann der Stress los: Schaff' ich es noch, vor Abfahrt des Anschlusszuges nach Koblenz eine Fahrkarte zu kaufen oder nicht? Muss ich im Zug nachlösen, fährt da überhaupt ein Schaffner mit? Und wie viel Verständnis hat der? Auf den Nahverkehrszügen fahren kaum noch Schaffner mit. Ab und an kommen Kontrolleure, und die nehmen natürlich sofort den schlimmsten Fall an: Du bist Schwarzfahrer. Klar, dass die so denken, denn sie werden ja bezahlt, um Schwarzfahrer aufzuspüren! Dass in Rheinbach oder irgendwo anders der

Automat nicht geht und man dringend diesen Zug nehmen musste, um rechtzeitig zur Arbeit zu kommen, wird häufig als billige Ausrede abqualifiziert. Zumindest ist oft ein Nachlöse-Zuschlag fällig.
Doch bei der Reise, um die es hier geht, war dies alles kein Problem. Der Automat spielte mit, die Fahrkarte war gekauft, alles paletti. Eine Kontrolleurin kam, die Karte wurde gezeigt. »Ihre BahnCard bitte noch.« Der Griff in die Tasche, doch, o je, BahnCard vergessen! »Nun, kein Problem«, sagte die Kontrolleurin, »ich kassiere jetzt die Differenz zum vollen Preis, also noch einmal 6,20 Euro, mache einen Vermerk auf die Karte, und dann bekommen Sie das Geld später am Schalter wieder.« O.k., das sind die Spielregeln. 6,20 Euro bezahlt, die mit dem Vermerk versehene Karte eingesteckt, um sie beim nächsten Mal gegen eine neue Karte einzulösen.
Das nächste Mal? Wo bitte soll unser reisender Soldat die Karte einlösen, wenn es auf dem Heimatbahnhof, an dem er seine Reisen normalerweise beginnt, keinen Schalter mehr gibt? Die Lösung: auf dem Bonner Hauptbahnhof beim Umsteigen schnell in die Schalterhalle und eine neue Karte für die nächste Fahrt ordern. »Macht 6,20 Euro«, war die Auskunft. »O.k., ich zahle hiermit«, meinte mein Nachbar und zückte die zusätzlich nachgekaufte, mit dem Vermerk versehene Fahrkarte. »Gut«, meinte die Dame am Schalter nach ausführlicher Begutachtung des durch den Stempel zum Dokument gewordenen Papiers, »dann kriege ich noch 5 Euro von Ihnen.« »Wieso denn das?«, wollte mein Nachbar wissen. »Ganz einfach, 6,20 Euro sind der Gegenwert für ihre zusätzlich erworbene Karte, zuzüglich 5,00 Euro Bearbeitungsgebühr.« Keine zwei Minuten kostete das Einlösen der Karte. Und die Verrechnung abends an der Tageskasse ist auch nicht der große Aufwand. Bahnkunden vergessen ihre BahnCard nicht zum Spaß. Sie bestrafen sich selbst, wenn sie sich in der

Schalterhalle in eine lange Warteschlange einreihen müssen, um sich den gezahlten Differenzbetrag später wieder auszahlen zu lassen. Für meinen Nachbarn hieß dies außerdem: Der Anschlusszug von Bonn nach Rheinbach war weg, der nächste fuhr eine halbe Stunde später. Eine halbe Stunde für 1,20 Euro! Kulanz, liebe Bahn, buchstabiert man anders.

»So eine Sauerei!«

Lieschen Müller und die Bahn – Teil III

Also, eines sage ich Ihnen: Lange mache ich das nicht mehr mit. Eine richtige Sauerei ist das! Die Bahn, oder vielmehr die Bahnen, es gibt ja viele verschiedene Bahnen, kann da ja nichts dafür. Aber machen tun die auch nix dagegen! Und dann ist das eine doppelte Sauerei. Was ich meine? Ich erzähl's Ihnen: Manchmal hasse ich die Bahn, weil's da so ungesittet zugeht. Nein, natürlich nicht das, was Sie meinen, Sex und so. Ist Ihnen denn noch nicht aufgefallen, dass es immer mehr junge – aber auch älter gewordene – Leute gibt, die einfach ihre Schuhe auf die gegenüberliegende Sitzbank stellen. Das soll dann vielleicht besonders »cool« aussehen. Aber oft sind ja die Polster aus Velours-Stoff. Da bleibt dann der Schmutz – auch der unsichtbare – besonders stark hängen. Ja, und was passiert dann? Dann setze ich mich auf einen solchen Sitz und der ganze Schmutz bleibt an meinen Kleidern hängen. Vielen ist das ja egal, gucken Sie sich nur die Lümmel an, die mit bunten Haaren und zerrissenen Klamotten rumlaufen, denen macht das nix. Bei den Klamotten kommt's nicht mehr drauf an, die sind eh schon dreckig. Aber bei unsereinem sieht das ganz anders aus.

Warum, frage ich Sie, warum lassen wir uns das eigentlich alles gefallen? Und warum tun die von der Bahn nix dagegen? Mit den Waggons ist es dasselbe. Die sind ja längst nicht nur außen besprüht, sondern auch innen, außerdem sind die Wände und Scheiben zerkratzt. Das zahlen alles wir, wenn das wieder in Ordnung gebracht wird!

Dabei könnten doch so Zugbegleiter für Ordnung sorgen. Die fahren immer dann mit, wenn's kritisch wird, und könnten die

Jugendlichen ermahnen, wenn die mal wieder über die Stränge schlagen. Aber das kapieren die bei der Bahn ja nicht. Wenn man hier etliche wegen Sachbeschädigung herausgreift, hilft man den jungen Leuten – das ist jedenfalls meine Meinung –, weil sie auf den richtigen Weg gebracht werden. Und man vermeidet riesige Schäden. Das ist doch eine Sauerei, wenn die alle gegen die Sauerei nix machen – oder etwa nicht?

Ende einer Dienstfahrt

Ein Staatssekretär auf der schiefen Bahn?

Die Sendung mit der versteckten Kamera kennt wohl jeder. Auch Dr. Griese, Staatssekretär im nordrhein-westfälischen Umweltministerium, hat sich schon köstlich amüsiert, wie dort ahnungslose Zeitgenossen auf die Schippe genommen werden. Seinen Doktortitel hat Dr. Griese als Jurist erworben, eine Qualifikation, die auch im Umgang mit der Bahn von Nutzen sein kann, wie der folgende Fall zeigt.

Dr. Griese wohnt in Aachen und arbeitet in Düsseldorf. Eigentlich könnte er sich jeden Tag mit dem Dienstwagen zu Hause abholen lassen, doch auf dieses Privileg verzichtet der grüne Staatssekretär zumeist. Er ist, besser: er war, immer zufrieden mit der Bahn. Denn früher ging es sehr flott vom Aachener Hauptbahnhof bis nach Düsseldorf. Gerade einmal fünfundfünfzig Minuten brauchte der Interregio. Seitdem der Interregio aber abgeschafft ist, muss Dr. Griese mit Regionalbahnen fahren. Der Sommerfahrplan 2002 wies die Fahrzeit noch mit einer Stunde und fünfzehn Minuten aus, im Winterfahrplan 2002/2003 sind es bereits fünf Minuten mehr. Gut, es geht auch mit dem Thalys oder einem ICE nach Köln, und von dort dann mit einem anderen IC/ICE nach Düsseldorf; doch wer will für eine längere Fahrzeit (über eine Stunde und dreißig Minuten) auch noch mehr Geld zahlen?

Der alte Interregio hatte noch einen weiteren Vorteil: Eine Fahrkarte reichte. Dr. Griese benutzt vorzugsweise die erste Klasse, denn dort hat er doch etwas mehr Platz für sich selbst und die Akten, die er unterwegs zu studieren hat. Doch ebenso wie der Interregio der Vergangenheit angehört, so ist

auch die Sache mit nur einem Ticket vorbei. Thomas Griese hat für den Verkehrsverbund Rhein-Ruhr (VRR) ein Monatsnetzticket, das allerdings »nur« für Fahrten in der zweiten Klasse gilt. Für Reisen in der ersten Klasse musste er sich für die entsprechende Strecke einen so genannten »Übergang« kaufen. Für die Strecke zwischen Aachen und Düsseldorf brauchte Griese nach Abschaffung des Interregios gleich vier Tickets. Zunächst ein Ticket der zweiten Klasse im Aachener Verkehrsverbund, der bei Herrath an den Verkehrsverbund Rhein-Ruhr grenzt. Dazu – Ticket Nummer zwei – der Übergang für die Benutzung der ersten Klasse im Aachener Verkehrsverbund. Ticket Nummer drei ist das Monatsticket (zweite Klasse), das Griese für die Fahrt im VRR zwischen Herrath und Düsseldorf benutzt, und Ticket Nummer vier der Übergang zwischen zweiter und erster Klasse im VRR.
Am 30. Januar 2002 stand Dr. Griese wieder einmal vor dem Stempelautomaten auf dem Bahnsteig im Aachener Bahnhof. Zunächst Ticket eins und zwei des Aachener Verkehrsverbundes abgestempelt (in der Fachsprache heißt das »entwerten«, obwohl das Ticket erst durch diesen Vorgang seinen Wert bekommt – nämlich die Erlaubnis, das betreffende Verkehrsmittel zu benutzen), dann der dritte Stempelakt für den Übergang für die erste Klasse im VRR, Grundticket zweite Klasse im VRR, wir erinnern uns, das ist sein Monatsticket. Dann ab in den Zug, Tasche geöffnet und mit der Morgenlektüre begonnen.
Der Zug war wohl schon kurz vor Mönchengladbach, hatte also eine für den Bahnbenutzer unmerkliche, aber für die Ticketkontrolleure entscheidende Grenze, nämlich die zwischen dem Aachener Verkehrsverbund und dem Verkehrsverbund Rhein-Ruhr überquert. An diesem kalten Wintermorgen tat ein Kontrolleur, nennen wir ihn Herr Schmidtchen (der richtige Name ist uns bekannt), seinen Dienst im Regional-

express 10407, in dem Dr. Griese mit seiner Fahrkartenvielfalt unterwegs war. »Die Fahrausweise bitte.« Mehrzahl! Da hatte Dr. Griese einiges zu bieten. Er breitete seine insgesamt vier Tickets vor Herrn Schmidtchen aus, und dieser begann nun mit dem, wofür er bezahlt wird: Er kontrollierte. Und ein guter Kontrolleur stellt natürlich auch was fest, nämlich dass Dr. Griese einer dieser Schwarzfahrer war, die zu ermitteln für einen gewissenhaften Kontrolleur – und das war beziehungsweise ist Herr Schmidtchen ohne Frage – eine nicht enden wollende Herausforderung ist.

»Sie benutzen diesen Zug ohne gültigen Fahrausweis, deshalb muss ich ein erhöhtes Beförderungsentgelt in Höhe von dreißig Euro erheben«, so – oder so ähnlich – klingelte es dem Staatssekretär im Ohr.

Ein schwarzfahrender Umweltstaatssekretär, das sind die Geschichten, die »Verstehen Sie Spaß« eigentlich schreibt. »Ich fahre schwarz? Wie kommen Sie denn darauf?«, so die zunächst verständliche Frage des Juristen, der viele Jahre als Richter gearbeitet hatte und weiß, dass er allein schon aufgrund seiner beruflichen Stellung genauestens auf die Einhaltung von Gesetzen zu achten hat. »Ganz einfach«, meinte Herr Schmidtchen, »Sie dürfen den Übergang für die erste Klasse im VRR doch nicht schon in Aachen, also im Verkehrsverbund Aachen, entwerten, sondern erst im Hoheitsgebiet des VRR.«

Wie er das denn machen solle, so die Frage von Dr. Griese. Die Grenze zwischen dem Verkehrsverbund Aachen, für die er reguläre Tickets hatte, liegt in Herrath. Dort aber hält der Zug nicht, da kann man nicht einfach mal schnell rausspringen, abstempeln und wieder einsteigen. Erst in Mönchengladbach hält der Zug.

Die Lösung, liebe Leser, ist kein Scherz und sieht nach Herrn Schmidtchens Vorstellung so aus: Um den gültigen Tarifbestimmungen zu genügen, müsste Dr. Griese zunächst darauf achten, dass er bei Herrath, also bei der nicht erkennbaren Grenze zwischen dem Verkehrsverbund Aachen und dem VRR aus dem Erste-Klasse-Abteil unaufgeordert in die zweite Klasse wechselt. Für die habe er ja mit der Monatskarte des VRR ein gültiges Ticket. In Mönchengladbach, am ersten Haltepunkt im VRR, heißt es dann aussteigen, Erste-Klasse-Ticket auf dem Bahnsteig abstempeln (einen solchen Abstempler, sprich Ent- oder Aufwerter gibt es natürlich im Zug nicht), dann wieder einsteigen und die Fahrt fortsetzen. Entweder – wenn er schnell genug ist – mit dem gleichen Zug oder eben einen Zug später.

So richtig glauben wollte Dr. Griese, der Herrn Schmidtchen seine berufliche Stellung nicht preisgegeben hatte, diese ganze Sache nicht. Zu suspekt war ihm die Angelegenheit, zumal Herr Schmidtchen ausgerechnet den in Aachen abgestempelten Übergang zur ersten Klasse trotz des Protestes von Dr. Griese einbehalten wollte; *das Beweismittel schlechthin* sollte er aus den Hand geben? Zumindest eine Quittung wolle er für die Einbeziehung dieses Fahrscheins bekommen, forderte Dr. Griese. Doch Herr Schmidtchen lehnte ab. Dr. Griese war verdattert, wie man neudeutsch wohl sagt. »Die Geschichte mit dem Wechsel aus der ersten in die zweite Klasse zwischen Herrath und Mönchengladbach, dem Abstempeln außerhalb des Zuges beim ersten Halt im VRR und die Jagd nach dem Erreichen des gleichen Zugs zwecks Weiterfahrt nach Düsseldorf glauben Sie doch selbst nicht!«, protestierte Dr. Griese.

Dann der Gedanke mit der versteckten Kamera. Klar, das war alles nur inszeniert! Ätsch – reingefallen! Tolle Story, eigentlich. Griese dachte, dass nun der Hinweis kommen würde, wo die versteckte Kamera platziert ist. Fehlanzeige.

Irgendwie komisch kam sich Dr. Griese schon vor, zumal Herr

Schmidtchen erstaunlich ernst blieb und auch sonst nichts passierte. Nein, für Herrn Schmidtchen lag der Fall klar, Schwarzfahrer, dreißig Euro Gebühr, Einzug des angeblich ungültigen Fahrausweises.

Dr. Grieses Gedanken kreisten. Toll, der angeblich ungültige Fahrausweis wird eingezogen, eine Quittung wird letztlich nach mehrmaliger Ermahnung ausgestellt. Wieso zieht man etwas ein, was gar nicht gültig ist? Er verstand die Welt nicht mehr, zumindest nicht mehr so richtig. Er bestand darauf, in Düsseldorf einen Vorgesetzten von Herrn Schmidtchen zu sprechen. Der ging etwas zur Seite und telefonierte seinerseits mit seinem Handy. Prima, dachte Dr. Griese, dann klärt sich die Sache gleich in Düsseldorf auf.

Düsseldorf Hauptbahnhof. Der RE 10407 fährt ein. Dr. Griese und Herr Schmidtchen steigen gemeinsam aus. Weit und breit war nichts von einem leibhaftigen Vorgesetzten zu sehen. Allerdings nahmen zwei Beamte des Bundesgrenzschutzes den vermeintlichen Schwarzfahrer in Empfang.

»Auch die BGS-Beamten waren einigermaßen amüsiert darüber, dass eine Erste-Klasse-Nutzung nur in der Weise möglich sein soll, dass man während der Durchfahrt durch Herrath in die zweite Klasse wechselt, dann in Möchengladbach aussteigt, den Erste-Klasse-Zuschlag abstempelt und dann in die erste Klasse wieder einsteigt«, so liest es sich im Brief des Staatssekretärs an den Leiter der *Zentrale Kundendialog* der *Deutschen Bahn AG,* Klaus Distel. Mit ihm hatte Dr. Griese noch am gleichen Tag telefoniert. Da waren die Verhältnisse etwas anders. In der Bahn stand der Fahrgast Dr. Griese einem Kontrolleur gegenüber. Der hatte dem angeblichen Schwarzfahrer noch die Bekanntgabe seiner Dienststelle und den Namen seines Vorgesetzten verweigert. Er, Griese, könne sich mit der Fahrpreisnacherhebungsstelle in Baden-Baden auseinander setzen. Zur Frage nach dem Sitz seiner Dienststelle hatte er kundenfreundlich geantwortet: »Hinterm Bahnhof.« Auf den Einwand, »hinterm Bahnhof« sei doch wohl keine korrekte postalische Adresse, meinte Herr Schmidtchen, die Angabe »an der Rückseite des Bahnhofs« müsse reichen; so ist das! Erst die BGS-Beamten waren korrekt und halfen.

Jetzt aber sahen die Verhältnisse etwas anders aus. Ruft ein Staatssekretär bei der Bahn an, hat dies doch ein gewisses Gewicht. Im Antwortschreiben bedauerte die Bahn »sehr, dass Sie Anlass hatten, sich über das Verhalten unseres Zugbegleiters im Regionalexpress 10407 zu beschweren. Auch wir sind von der Vorgehensweise unseres Mitarbeiters enttäuscht und bitten Sie hierfür auch im Namen unseres Mitarbeiters ausdrücklich um Entschuldigung«. Und dann noch die erlösende Mitteilung: »Wir haben die Fahrpreisnacherhebung eingestellt.« War der Staatssekretär also doch kein Schwarzfahrer?

Mitnichten. Denn mit der Entschuldigung und der Einstellung des Fahrpreisnacherhebungsverfahrens war das Schreiben noch nicht zu Ende. Es folgten noch »einige klärende Worte zum Nahverkehr in Deutschland«. Es wurde deutlich gemacht, dass die Bahn gar keinen Einfluss auf die Tarifgestaltung hat, dass ein Fahrschein vor Fahrantritt zu entwerten ist, dass ansonsten dreißig Euro erhöhtes Beförderungsentgelt fällig werden, dass man den vielen Schwarz- und Grau-Fahrern entgegenzuwirken hat, denn der Schaden, der daraus erwächst, ist immens und wird letztlich von den ehrlichen Kunden mitgetragen. Und dann kam es knüppeldick: »Insofern können wir unserem Mitarbeiter keinen Vorwurf machen, da er die derzeit gültigen Tarifbestimmungen umgesetzt hat. Dennoch stimmen wir Ihnen zu, dass man vielleicht die Situation hätte anders angehen können. Selbst wenn wir auf unserem Weg hin zu einem kundenorientierten Dienstleistungsunternehmen schon viele Hürden genommen haben und oftmals besser sind, als wir es selbst glauben – das zeigen unsere Marktforschungsergebnisse gerade hinsichtlich Kundenfreundlichkeit sehr deutlich –, gibt es noch einige Bereiche, in denen wir besser werden können. Manchmal fehlt in ungewöhnlichen Situationen das gewisse Fingerspitzengefühl im Umgang mit unseren Gästen.«

Was, wenn sich nicht ein Staatssekretär, sondern Lieschen Müller oder Otto Normalverbraucher beschwert hätten? Wäre auch dann das Fahrpreisnacherhebungsverfahren eingestellt worden?

Was bleibt? Viele Fragen und viele Versprechungen. Das eine Versprechen war das des damaligen nordrhein-westfälischen Verkehrsministers Schwanhold, der, angesprochen auf diesen Fall, im Fernsehen einen landesweit einheitlichen Tarif zum 1. Januar 2003 versprach. Der Minister ist kein Minister mehr, und der Tarif existiert – natürlich, möchte man sagen – noch nicht. Hingegen gibt es für die gleiche Fahrt im gleichen Zug nach wie vor zwei unterschiedliche Preise. Einen höheren, wenn man den DB-Tarif wählt (und dann in der Tat mit einer Fahrkarte auskommt), und einen billigeren, wenn man sich zweier Verkehrsverbundtarife bedient, wie es Staatssekretär Dr. Griese zu tun pflegt. Eines jedenfalls ist neu: Niemand muss jemals wieder mit vier Tickets reisen. Denn mit dem neuen Preissystem bei der Bahn wurde die Möglichkeit, mit einem Verbundfahrschein auch in die erste Klasse zu wechseln, kurzerhand abgeschafft. Wie kundenfreundlich!

Stromausfall im Stellwerk

Die besten Ausreden der Bahn

Wer häufig mit der Deutschen Bahn unterwegs ist und entsprechend oft unter Verspätungen zu leiden hat, der kennt sie, die Ausreden der Bahn. Und genau um diese Ausreden ist die Bahn nicht verlegen.
Wir präsentieren Ihnen unsere ganz persönliche Bestenliste, quasi die Top 15 der Bahnausreden, wie wir sie im Laufe der Zeit immer wieder von Zugbegleitern zu hören bekamen. Sofern, ja sofern wir überhaupt informiert wurden. Sie kennen das ja: Man sitzt im Zug. Der hält mitten auf der Strecke, wartet vor Bahnhöfen oder fährt verspätet ab, und Sie erhalten keine Auskunft, warum Sie nun wieder Ihre Zeit im stehenden, statt im pünktlich fahrenden Zug verbringen müssen.
Und das sind die häufigsten Bahnausreden – prüfen Sie, was Ihnen schon so alles an Ausreden untergekommen ist:

- Oberleitungsschaden
- Stellwerkstörung
- Weichenstörung
- Menüstörung in der Schrankensteuerung
- Lokschaden
- Störung im Speisewagen
- Spielende Kinder auf den Gleisen (wird selbst nachts gern genommen)
- Warten auf einen verspäteten Anschlusszug
- Verspätete Übernahme aus dem Ausland
- Gegenstände auf den Gleisen (u. a. das vor allem im Herbst völlig unerwartet auftretende Laub)

- Personenschaden beziehungsweise Personenunfall
- Baustelle
- Betriebsstörung
- Hangrutsch
- Böschungsbrand

Ja, sehr phantasievoll klingt das Ganze nicht. Und überzeugend ist es auch nicht immer. Schließlich kann doch nicht immer irgendetwas gestört, verspätet oder im Wege sein.

Deshalb hier fünfzehn neue Vorschläge; vielleicht schafft der eine oder andere ja den Sprung ins angestaubte Bahnrepertoire:

- Migräne des Speisewagenschaffners
- Raucher im Nichtraucher-Abteil
- Totalausfall der Minibar
- Milbenaufstand im Teppichboden
- Stau am Kamener Kreuz
- Seniorenkarneval in Ingelheim
- Schlussverkauf bei C & A
- Wandertag der Fischer-Chöre
- Frühjahrsflut am Brahmaputra
- ein umgefallener Sack Reis in China
- Sperrmüllabfuhr in Wanne-Eickel
- O'zapft is
- Formel 1 im Bummelstreik
- Krötenwanderung
- Ich kann alles erklären – es ist nicht, wie Du denkst

Haben Sie noch weitere Vorschläge zu bieten? Bitte, unsere Bahn kann sie brauchen – und wir sammeln sie unter www.bahn-hasser.de. Falls Sie nicht den Computer bemühen wollen, können Sie das folgende Formular ausfüllen und direkt an die Deutschen Bahn und deren Vorstandsvorsitzenden schicken:

Absender:
Name ____________
Vorname ____________
Straße ____________
PLZ/Ort ____________

Deutsche Bahn AG
Vorstandsvorsitzender
Potsdamer Platz 2
10785 Berlin

Betr.: Ausreden der Bahn

Datum ________

Sehr geehrter Herr Vorstandsvorsitzender,
nachdem Sie als oberster Manager und Dienstherr bei der Deutschen Bahn AG auch für das gesamte Unternehmen Verantwortung tragen, sind Sie letztlich auch für die unsäglichen Ausreden verantwortlich, die wir Bahnkunden immer wieder zu hören bekommen.

Ich schlage vor, das Repertoire zu ergänzen. Auf der Strecke
von ________________ nach ________________
kam mir/kamen uns die folgende Ausrede für Unpässlichkeiten bei der Bahn in den Sinn. Ich will sie Ihnen nicht vorenthalten. Bitte prüfen Sie, ob Sie diese Ausrede nicht an die Zugbegleiter und Zugführer – selbstverständlich kostenfrei – weitergeben wollen, um deren Repertoire aufzufrischen:

____

____

____

____

____

Über eine Nachricht würde ich mich/würden wir uns freuen.

Mit freundlichen Grüßen

Alles doppelt und doch falsch

Vom Unfehlbarkeitsdogma der Bahn

Der folgende Brief von Friedhelm R. aus S. an die *Deutsche Bahn AG,* geschrieben im Juli 2003, ist nur eines von vielen, vielen Beispielen verzweifelter Not. Lesen Sie selbst, was der einst überzeugte und mittlerweile verzweifelte und mehr als enttäuschte Bahnkunde erlebt hat (Name und Anschrift liegt den Autoren vor):

Sehr geehrte Damen und Herren vom BahnCard-»Service«,

vielen Dank; Sie haben endlich auf meine Bitten reagiert. Aber augenscheinlich erst, nachdem ich – sage und schreibe mehr als acht Wochen nach der ungerechtfertigt erfolgten doppelten Abbuchung – die Lastschrift zurückgehen ließ. Anders ist es offensichtlich nicht möglich, Ihre Aufmerksamkeit zu erlangen.
Ich stelle Ihnen jetzt – und damit ist das Thema hoffentlich ein für alle Mal für mich erledigt – die Fakten zusammen:

1. Eines schönen Sonntags im April (damals wusste ich noch nicht, dass man sich die Details notieren muss, falls man mit der Deutschen Bahn zu tun hat) habe ich versucht, online eine BahnCard First über www.bahn.de zu bestellen. Da diese Karte von meinem Arbeitgeber bezahlt wird, habe ich versucht, dessen Bankverbindung einzugeben. Ihre Online-Kollegen haben hier allerdings eine sehr intelligente Plausibilitätsprüfung eingebaut, denn das Eingabefeld Kontoinhaber akzeptiert offensichtlich keine Zahlen. Sehr schlau, denn ein Name hat ja keine Zahlen, oder doch??? Ein

Firmenname sehr wohl (siehe unten). Hier erschien leider immer nur die Standardfehlermeldung, weshalb ich erst nach mehreren Versuchen aufgab. Es hätte ja auch ein Systemfehler, die Datenübertragung oder was auch immer sein können. Bei einem weiteren Versuch schrieb ich die Zahlen einfach aus, so dass das System jetzt zufrieden war. Allerdings folgte zwei Masken später der Absturz. Hartnäckig wie ich bin, entschloss ich mich, die BahnCard über mein Privatkonto zu bezahlen und dies dann mit meinem Arbeitgeber zu verrechnen. Also das Ganze – zum mittlerweile neunten Mal(!) – von vorn. Diesmal wurde der Kontoinhaber logischerweise akzeptiert, aber bei einer späteren Eingabemaske stürzte das System wiederum ab. Mein Passfoto hatte ich mittlerweile hochladen können, bis zu einer Bestellbestätigung bin ich bei keinem der Versuche gekommen. Das heißt: Juristisch gesehen hatte ich bis zu diesem Zeitpunkt noch keine BahnCard bestellt.

2. Am Tag darauf rief ich bei Ihrer kostenpflichtigen Hotline an (eigentlich auch nicht gerade »Service«), um jetzt endlich eine BahnCard zu bestellen und eine in Kürze bevorstehende Reise zu buchen. Der wirklich sehr freundliche Herr von Ihrer Hotline schaute mit meinen Angaben in sein System und sagte mir, dass ich ja schon drei BahnCards First bestellt hätte. Eigentlich unglaublich, denn wie gesagt, juristisch war definitiv kein einziger Kaufvertrag zustande gekommen. Ich bat also den Herrn von der Hotline, zwei dieser Aufträge zu stornieren und den Auftrag mit dem Arbeitgeber als Kontoinhaber auszuführen. Er bestätigte mir dies, veranlasste die Zusendung einer vorläufigen BahnCard und buchte meine geplante Zugreise für mich. Bis dahin fast alles bestens.
3. Mit Datum 30. April bekam ich dann meine BahnCard mit der Nummer XXX – die hatte ich schließlich auch bestellt.

Zeitgleich kam dann aber noch eine BahnCard mit der Nummer YYY. Ich hatte also trotz meines Telefonats die BahnCard zweimal bekommen. Hier stelle ich mir die Frage, ob nicht an dieser Stelle Ihre Internet-Spezialisten eine Plausibilitätsprüfung vorsehen sollten. Wie kann auf die gleiche Person überhaupt eine BahnCard zweimal ausgestellt werden???

4. Ich rief wiederum die (natürlich immer noch kostenpflichtige) Hotline an, um den Fehler aufzuzeigen. Ein wiederum sehr netter Herr sagte mir, dass er da nichts machen könne. Ich solle doch die zweite BahnCard an den Absender zurückschicken und auf dem Schreiben den Rückgabegrund angeben. Dann wäre alles erledigt. Dies habe ich noch am gleichen Tag erledigt. Eine Kopie des Schreibens finden Sie in der Anlage. Auch noch alles bestens.
5. Am 8. Mai wurden dann von meinem Privatkonto hundertfünfzig Euro abgebucht. (Die erste – und einzig zulässige – Abbuchung vom Firmenkonto war auch bereits erfolgt). Immer noch friedliebend, ging ich davon aus, dass eine so große Organisation wie die Bahn eben nicht ganz so schnell reagieren konnte und der Zahlungslauf nicht mehr zu stoppen war. Sicherlich würden die Zuständigen anhand der von mir zurückgeschickten BahnCard den Fehler bemerken und automatisch die Rücküberweisung veranlassen. Und immer noch alles bestens.
6. Anfang Juni (also nach weiteren vier Wochen) wollte ich dann noch mal nachhaken, wo mein Geld bleibt. Natürlich wusste keiner bei der (ich wiederhole mich: kostenpflichtigen) Hotline etwas mit dem Vorgang anzufangen. Mit wurde aber bestätigt, dass der Vorgang bestimmt in Bearbeitung sei, es dauere eben noch.
7. Am 2. Juli hatte ich endgültig genug von meiner ungewollten Darlehensgewährung an die Deutsche Bahn und habe

die – ich betone das hier nochmals ausdrücklich – ungerechtfertigte Lastschrift zurückgehen lassen.

8. Und siehe da – diesmal in Rekordzeit –, nur fünf Tage später, am 7. Juli, bekam ich dann das oben erwähnte Schreiben, in dem Sie mich lapidar zur Zahlung der Jahresgebühr auffordern. Nochmals: für eine Karte, die ich nie bestellt hatte und die ich Ihnen vor über zwei Monaten zurückgeschickt habe. Übrigens wollten Sie auch in diesem Fall nur über die gebührenpflichtige Hotline mit mir sprechen.

Wozu haben Sie eigentlich Computer? Weiß bei Ihnen denn die Linke nicht, was die Rechte tut? Ich habe jetzt endgültig die Nase voll. Nur meine Erziehung hält mich davon ab, meine Meinung in entsprechende Worte zu kleiden.

Ich möchte wirklich nie wieder etwas von diesem Vorgang hören. Bitte handeln Sie entsprechend.

Mit freundlichen Grüßen

Friedhelm R.

Aus Freude am Fahren

Das Protokoll einer reiseintensiven Woche

Montag, 6. Januar 2003

Weihnachten war vorbei, das neue Jahr 2003 hatte begonnen. Zwei wirklich ruhige Wochen lagen hinter mir, die Arbeit ging wieder los. Der Arbeitsplan der ersten Woche sah vor, am 6. Januar im Büro zu bleiben, um die Post und die E-Mails aufzuarbeiten, die über Weihnachten liegen geblieben waren. So viel ist es ja meist nicht, denn auch die anderen Menschen scheinen die Tage lieber zu Hause statt im Büro zu verbringen.

Mit den Kollegen war vereinbart, dass wir endlich mal wieder gemeinsam zu Mittag essen wollten. Normalerweise wird bei uns im Büro durchgearbeitet. Jeder macht sein Päuschen, wie er es für richtig hält, oder er lässt es bleiben. Ab und an aber sitzen wir auch gern mal eine Dreiviertelstunde zusammen, um uns auszutauschen und über dies und das zu reden. Außerdem wollten zwei Kolleginnen noch einen auf ihren Geburtstag ausgeben, und kein Mitarbeiter hatte einen auswärtigen Termin. Kommt recht selten vor, dass mal alle da sind.

Doch gegen 10.00 Uhr stellten wir fest, dass Kollege Matthias fehlte. Gerade er, der immer pünktlich ist und auch rechtzeitig ankündigt, wenn er andere Verpflichtungen hat. »Wo steckt der Kerl?«, fragten alle. Vielleicht hatte er es doch vergessen, dass wir uns zusammensetzen wollten. Vielleicht dachte er, der noch nicht so lange bei uns im katholischen Rheinland arbeitet, auch, dass dieser 6. Januar, der Tag der Heiligen Drei Könige, ein offizieller Feiertag und somit arbeitsfrei ist. So, wie es ja in Bayern und Baden-Württemberg, dem Land, in dem unsere Zentrale steht, der Fall ist?

Um halb elf war er da. Er fluchte. »Ich hab vielleicht was mitgemacht, das könnt Ihr Euch nicht vorstellen. Die Bahn – ich hab so die Schnauze voll!« Was war passiert? Das Wochenende hatte er in Berlin verbracht, wo seine Eltern und viele Freunde wohnen. Zurück nach Bonn ging es mit der Bahn, dem letzten ICE 552, der um 18.56 Uhr ab Berlin Zoo fährt. Fahrplanmäßige Ankunft (wie es im Bahndeutsch korrekt heißt) ist nach nur vier Stunden und vierzig Minuten um 23.36 Uhr in Bonn. Aber an diesem Tag war da nichts mit fahrplanmäßig. Nicht dass der Zug nicht pünktlich abfuhr. Das schon. Doch ein Oberleitungsschaden sorgte für Chaos und insgesamt dreieinhalb Stunden(!) Verspätung. Das Fass zum Überlaufen brachte dann die Mitteilung, dass der Zug »aus betriebstechnischen Gründen heute in Köln Hauptbahnhof endet. Reisende nach Bonn melden sich bitte am Servicepoint in der Haupthalle«. Wunderbar. Montagmorgen gegen halb drei in Köln. Am Servicepoint aber mindestens hundert Menschen, die nicht aus betrieblichen Gründen in Köln enden, sondern nach Bonn weiterfahren wollten.
Die Kölner Taxifahrer rieben sich die Hände. Fahrten nach Bonn, mitten in der Nacht, sind schon einträgliche Geschäfte. Kollege Meissner durfte das Taxi mit drei weiteren Bahn-Gestrandeten sowie Unmengen an Gepäck teilen. Im ICE fährt es sich schon besser. Was mag wohl der Grund für das vorzeitige Ende der Reise in Köln gewesen sein? Weshalb kann ein Zug, der normalerweise nach Bonn fährt, nicht auch trotz nächtlicher Verspätung nach Bonn fahren? Hatte der Lokführer, bedingt durch die Verspätung, schon zu viele Überstunden? War ein Ersatzlokführer in der Nacht nicht verfügbar? Die Antwort wird man nie erfahren, aber man wird auch das Erlebnis nicht vergessen.

Dienstag, 7. Januar 2003
Brüssel rief. Eine Sitzung des Europäischen Wirtschafts- und Sozialausschusses stand an. Die Fachgruppe Landwirtschaft, ländliche Entwicklung und Umweltschutz tagte. Für den Nachmittag, ab 14.30 Uhr, war die Sitzung angesetzt, auf der unter anderem Catherine Day, die Generaldirektorin der Generaldirektion Umwelt der EU-Kommission, uns Mitgliedern etwas über die Umweltschwerpunkte der EU für das Jahr 2003 erzählen sollte.
Vormittags um 11.00 Uhr war allerdings bereits eine Sitzung des Vorstandes der Fachgruppe angesetzt. Als Mitglied dieses Vorstandes musste ich daran teilnehmen. Ich hatte mich entschieden, mit dem Auto nach Brüssel zu fahren. Es war zwar bitterkalt draußen, minus elf Grad Celsius zeigte das Thermometer, doch die Straßen waren frei. Bei solcher Eiseskälte schneit es nicht, und die Straßen sind trocken.
Um 7.15 Uhr fuhr ich zu Hause in Rheinbach ab, um 9.45 Uhr war ich bereits im Ausschussgebäude in der Rue Ravenstein, direkt am Brüsseler Gare Central. Um 7.15 Uhr hätte ich auch in Rheinbach mit der Bahn losfahren können. Am Gare Central wäre ich, wenn alle Verbindungen geklappt hätten, um 10.43 Uhr gewesen. Das reicht bei einem Sitzungsbeginn um 11.00 Uhr, aber ich wollte auch hinsichtlich der Heimreise flexibel und schnell sein. Mit dem Sohn stand am Abend ein nochmaliger Check seines Biologie-Referates über die Entwicklung vom Einzeller zum Vielzeller an.
Die frühere Ankunft in Brüssel gab mir Gelegenheit, noch ein paar kleine organisatorische Dinge zu erledigen und einen Kaffee zu trinken. Und überhaupt: Auf Brüsseler Fluren rumzulaufen, bietet immer Überraschungen. Hier ein Schwätzchen, dort eine neue Information, dann eine Absprache bezüglich der Unterstützung der einen Stellungnahme und der Hinweis auf »Vorsicht« bei der anderen.

Die Vorstandssitzung begann pünktlich um 11.00 Uhr. Ein weiterer deutscher Kollege, der stellvertretende Generalsekretär des Bauernverbandes, Adalbert Kienle, war nicht anwesend. Gar nicht seine Art. Er ist eigentlich immer da, nimmt seinen Job dort wirklich ernst, und wenn es mal gar nicht geht, dann lässt er sich entschuldigen.
Kienle kam später. Als er zum ersten Mal das Mikrofon ergriff, wünschte er allen Kolleginnen und Kollegen ein frohes und glückliches neues Jahr und entschuldigte sich brav beim Vorsitzenden für die Verspätung. Ja, in Brüssel geht es vornehm und gepflegt zu. Es war wieder mal die Bahn ...
In der Pause fragte ich ihn, was los gewesen sei. Ich würde es ihm nicht abnehmen, meinte er. Er sei in Bonn zwanzig Minuten vor Abfahrt des Zuges in der Schalterhalle gewesen, um eine Fahrkarte zu lösen. Eine neue Mitarbeiterin der Bahn habe es nicht geschafft, ihm rechtzeitig ein Ticket auszustellen. Sie kam mit dem PC nicht klar, der Zug war plötzlich weg. Ich wollte ihm anbieten, am Nachmittag mit mir zurückzufahren. Er lebt in Bonn, ich in Rheinbach, das ist nur ein Katzensprung. Kienle hatte sich aber schon früher verabschiedet. Es wird die Zugbindung gewesen sein. Ich selbst verließ die Sitzung um 18.35 Uhr. Zu keinem Zeitpunkt dieser Fahrt war ich schneller als hundertvierzig Stundenkilometer. Der Bordcomputer meines Wagens zeigte mir eine Durchschnittsgeschwindigkeit von über hundertfünfzehn Stundenkilometern an, als ich zu Hause ankam. Der Durchschnittsverbrauch lag bei 5,8 Litern auf hundert Kilometer. Nach zwei Stunden und fünf Minuten war ich bereits zu Hause, ohne Ärger über verspätete Züge.

Mittwoch, 8. Januar 2003

An diesem Tag stand nur ein Termin in meinem Kalender. Doch dieser fand nicht im Büro, sondern in Potsdam statt.

Ein Treffen mit dem brandenburgischen Ministerpräsidenten Matthias Platzeck war geplant. Schon lange hatten wir verabredet, über einige Probleme der Agrarpolitik und der Agrarreform zu diskutieren. Doch es dauert, bis so ein Ministerpräsident mal Zeit hat.
Nach Potsdam hin und zurück an einem Tag mit der Bahn kann man schaffen. Der Termin war auf 14.00 Uhr anberaumt. Würde man um 6.15 Uhr ab Rheinbach fahren, wäre man um 13.14 Uhr, nach sieben Stunden also, am Hauptbahnhof in Potsdam. Zwei Stunden muss man für einen solchen Termin planen, also mögliche Abfahrt ab Potsdam 16.16 Uhr, Ankunft in Rheinbach um 22.41 Uhr. Der Tag ist weg, wie man so schön sagt. Fahrpreis erster Klasse mit alter BahnCard, über die ich noch verfügte: hundertdreißig Euro für Hin- und Rückfahrt.
Doch ich hatte mich fürs Flugzeug entschieden. Beim Billigflieger *Germanwings* hatte ich einen Hin- und Rückflug für insgesamt achtunddreißig Euro gebucht. Der Flieger war rappelvoll und pünktlich.
Ein Tag ohne Bahn und ohne Probleme ging für mich um circa 21.00 Uhr zu Ende.

Donnerstag, 9. Januar 2003
Wieder eine klare, kalte Winternacht. Das Thermometer zeigte am Morgen zwölf Grad unter Null. Wieder stand ein Termin außerhalb des Büros an. Ich musste nach Mainz zum ZDF. Mit einigen Redakteuren der Umweltredaktion wollten wir über das Thema Umweltkonsequenzen der EU-Osterweiterung sprechen. Die Redaktion sollte für *arte* eine Sendung vorbereiten.
Für 10.00 Uhr hatten wir uns verabredet.
Das *DB-Reisebüro* gab mir meine Fahrkarte inklusive ausgedrucktem Reiseplan. Meine Reiseverbindung lautete wie

folgt: von Rheinbach sollte ich um 7.45 Uhr losfahren, schrieb der Bahncomputer, Ankunft in Bonn sei um 8.09 Uhr, vier Minuten später dann die Abfahrt des IC nach Mainz. Das sieht gut aus, das macht Spaß. Doch als skeptischer und vorsichtiger Mensch dachte ich mir: ›Nimm lieber den Zug um 7.30 Uhr. Am frühen Morgen und am Nachmittag fahren die Züge ja im Viertelstundentakt, da bist du auf der sicheren Seite. Dann gibt es keinen Stress, da kannst du dir in Bonn sogar noch eine Zeitung kaufen.‹

Es war weise von mir, so zu handeln: Im Bahnhof Witterschlick, der liegt genau zwischen Rheinbach und Bonn, kam eine Durchsage. »Aufgrund eines Signalproblems in Duisdorf verzögert sich unsere Weiterfahrt um voraussichtlich fünf bis zehn Minuten.« Nun ja, dachte ich, kein Problem. Du hast insgesamt neunzehn Minuten planmäßigen Übergang, da machen fünf oder zehn Minuten weniger nichts aus.

Um 8.06 Uhr kam der Zug in Bonn auf Gleis fünf an. Zur Erinnerung: Um 8.13 Uhr sollte es von Gleis drei weitergehen. Vom Bahnsteig auf Gleis fünf kann man gut die Anzeigetafel auf Gleis drei sehen. Und dort stand, dass der IC nach Klagenfurt, der bereits um 7.36 Uhr hätte fahren sollen, rund dreißig Minuten Verspätung haben würde. Ich rechnete: 7.36 Uhr plus dreißig Minuten – der müsste gleich kommen. Also, dachte ich mir, fahr mit dem, der geht auch über Mainz und kommt zuerst dort an. Vielleicht, so mein Hintergedanke, der sich später als vollkommen richtig herausstellen sollte, hat der Zug, mit dem du fahren willst, ja auch Verspätung.

Also: keine Zeitung kaufen, sondern gleich auf den Bahnsteig. Und siehe da, der IC nach Klagenfurt kam just zu dem Zeitpunkt, zu dem eigentlich »mein« IC kommen sollte. Für den wurden fünfzehn bis zwanzig Minuten Verspätung angekündigt – Signalprobleme und Weichenschaden, das Übliche.

Da ich noch freie Zugwahl genoss (dank meiner alten Bahn-

Card) hüpfte ich frohgemut in diesen IC und dachte: Na, da profitierst du ja auch mal von einer Verspätung. Den Schaffner fragte ich, was eigentlich wäre, wenn ich eine Fahrkarte aus dem »Plan und Spar«-Kontingent gehabt hätte. 8.13 Uhr wollte ich fahren, um 8.13 Uhr bin ich (zufällig) gefahren (mit dem eigentlich für 7.36 Uhr vorgesehenen Zug), der fahrplanmäßige 8.13 Uhr fuhr ja später. Mein Gedanke: Die Bahn erfüllt ihren Vertrag mit mir und fährt mich um 8.13 Uhr mit irgendeinem IC nach Mainz. Wäre meine Fahrkarte gültig? Die Antwort war mehr ein Rumdrucksen. Nun ja, man wäre vermutlich kulant, er jedenfalls, denn der andere Zug hat ja Verspätung. Aber: Eine wirkliche Regel gibt es nicht, und eigentlich und generell – mit dem Kauf der Fahrkarte löst man einen bestimmten Zug. Wenn dieser Verspätung hat, können andere Züge theoretisch für die Fahrkarte freigegeben werden, doch so einfach, quasi ohne offizielle Freigabe, also ohne Segen von oben, einen anderen, passenden Zug zu nehmen, »nur« um pünktlich anzukommen, das geht nicht.

Deutschland und seine Bahn haben eben feste Spielregeln. Und die hat man sich nun beim Flugzeug abgeschaut, und da geht es bekanntlich auch streng her.

»Mein« InterCity nach Klagenfurt hielt fahrplanmäßig in Remagen. 8.30 zeigte die Bahnhofsuhr, als der Zug dort einfuhr. »Die Weiterfahrt unseres Zuges verspätet sich um unbestimmte Zeit wegen eines Schienenbruchs«, tönte es aus dem Lautsprecher. Auf dem Nebengleis lief, auch aus Bonn kommend, eine Regionalbahn ein, die nach Koblenz weiterfahren sollte. Wahre Menschenmassen stiegen aus, und eine riesige Traube von ratlosen Fahrgästen versuchte, beim Bahnbediensteten auf dem Bahnsteig herauszufinden, wie es weitergehen würde. Die Lautsprecherstimme in der Regionalbahn hatte ihnen nämlich, so erfuhr ich später, ebenfalls vom Schienenbruch erzählt und davon, dass deshalb die Regionalbahn heute mal in Remagen endet. Die Weiterfahrt der Gäste, die nach Koblenz wollten, erfolgte bei uns im IC. Doch erst, wie wir erfuhren, nach »unbestimmter Zeit«. Bereits zwölf Minuten später, um 8.42 Uhr, gab es neue Informationen. »In acht bis zehn Minuten geht unsere Fahrt weiter, wir haben dann genau eine Stunde Verspätung.« Es wurde 8.50 Uhr, die acht Minuten waren rum. Auch nach zehn Minuten tat sich nichts, um 9.01 Uhr dann die Meldung: »Nach Durchfahrt eines Gegenzuges werden wir *höchstwahrscheinlich* weiterfahren. Wir bitten um etwas Geduld.« Was für eine präzise Information. Aber klar: Der Zugbegleiter wusste auch nicht, wie's weitergeht.

So sind Verspätungen ein tolles Geschäft für die Telekom: Jeder Handybesitzer greift zum Gerät und kündigt an, dass er zu spät kommt. Natürlich tat ich das auch. Beim ZDF: Ich werde später kommen, weiß nicht wann, die Bahn hat sich eine Schiene gebrochen.

Der Gegenzug kam um 9.06 Uhr, um 9.10 dann – wir standen noch immer – die Meldung: »Wir melden uns wieder, wenn wir mehr wissen.« Ein zweiter Gegenzug hielt um 9.12 Uhr.

Um es abzukürzen: Der Zug kam in Mainz um 10.35 Uhr an, um 9.13 Uhr hätte er dort sein sollen. Kurz vor Mainz kam mir noch der Gedanke, dass die Bahn, die bekanntlich nicht vom Wetter spricht, sondern bei jedem Wetter fährt, Gutscheine bei Verspätungen über dreißig Minuten austeilt. Also: Wo ist der Schaffner? Er kam gerade. »Sagen Sie mal, wer verteilt eigentlich die Gutscheine für die Verspätungen?«, fragte ich. »Da gibt es jetzt noch nichts, wir haben erst eine Stunde und zweiundzwanzig Minuten Verspätung, erst ab eineinhalb Stunden gibt es einen Gutschein über fünfundzwanzig Euro«, erklärte er mir.

»Kann es sein, dass ich mal was von einer halben Stunde gehört habe?«, fragte ich vorsichtig nach. »Ja, das kann schon sein, das gilt aber nur für einen ICE, da bekommen Sie schon bei einer halben Stunde einen Gutschein über zehn Euro.« So ist das also bei der Bahn. Eine halbe Stunde im ICE hat einen anderen Wert als eine im IC. Verstehen Sie das? Ich verstehe es nicht.

Übrigens: Die Rückfahrt verlief ohne Probleme.

Freitag, 10. Januar 2003

Wie am Tag zuvor musste ich den IC um 8.13 Uhr ab Bonn nehmen, und wie am Tag zuvor dachte ich mir, dass es besser wäre, von Rheinbach um 7.30 Uhr loszufahren, um auf jeden Fall pünktlich in Bonn zu sein. Und wie am Tag zuvor war es bitterkalt. Fast dreizehn Grad minus zeigte unser Außenthermometer, und ich beschloss, mich noch ein wenig dicker anzuziehen.

Ich brauche nur gut zehn Minuten zu Fuß zum Bahnhof. Und obwohl ich dies weiß, bin ich meist zu früh dort. Auch an diesem Morgen: Zehn nach sieben raus aus der Haustür, 7.20 Uhr am Bahnhof. Genau pünktlich, um die Durchsage zu hören: »Die Regionalbahn 11715 von Rheinbach nach Bonn, planmäßige Abfahrt um 7.30 Uhr, fällt heute wegen einer Bahnbetriebsstörung in Witterschlick aus. Nächster Anschluss nach Bonn mit Regionalbahn 11717 um 7.45 Uhr von Gleis zwei.« O nein, bitte das nicht, dachte ich. Erstens kann das knapp werden mit dem Anschluss in Bonn, und zweitens ist es hier saukalt.

Rüber zum anderen Bahnsteig. Denn morgens fahren einige Züge nach Bonn von Gleis drei, andere wiederum von Gleis zwei ab. Welcher Zug von welchem Gleis fährt, muss man übrigens aus eigener Erfahrung wissen. Einen Fahrplan mit einer Angabe der Gleise sucht man am Rheinbacher Bahnhof vergebens.

Um 7.43 Uhr erfuhr dann eine frierende Meute auf Gleis

zwei, dass sich die »Regionalbahn nach Bonn, fahrplanmäßige Abfahrt um 7.45 Uhr, um voraussichtlich sieben Minuten verspätet.« Ein Teil der Frierenden meckerte, und ich dachte nur: Mist, der Zug in Bonn ist weg. Mit all dem Rattenschwanz, der jetzt dahinter hängt. Ich sollte in Neustadt (Aisch) vom Bahnhof abgeholt werden. Wie erwische ich meine Leute, wie kann ich die benachrichtigen, dass ich zu spät komme? Die Kollegin, die mich abholen sollte, stammt aus einem anderen Büro. Ich wusste nicht, ob sie ein Handy besitzt, und selbst wenn ich es gewusst hätte: Ich hatte keine Nummer.

Auf dem Bahnsteig kam ich mit einer Dame ins Gespräch. »Ach, was meckern wir immer über so ein paar Minuten Verspätung. Was sind schon sieben Minuten?« Ich erklärte ihr, dass sie meiner Meinung nach im Prinzip ja Recht hätte. Aber: Zuerst der Ausfall der ersten Bahn um 7.30 Uhr, jetzt die sieben Minuten: Das summiert sich schon mal auf dreißig Minuten stehen und frieren. Und der verpasste Anschluss in Bonn würde mir eine weitere Stunde Bahnfreizeit verschaffen.

Sieben Minuten sind in der Tat nicht viel, wenn aber daraus eineinhalb Stunden werden, dann ist es ein Problem. Und irgendwie dachte ich an den vorangegangenen Tag.

Gab es noch eine Möglichkeit, den IC zu kriegen? Als ich in der Bahn saß, versuchte ich meinen Laptop zu starten. Ich wollte ins Fahrplanprogramm der Bahn. Nach längerem Hin und Her fuhr dann der Laptop auch hoch, und siehe da: Wenn ich den 8.22 Uhr nach Köln nehmen würde (und das hätte ich schaffen können), hätte ich von dort einen der schnellen ICEs über die Neubaustrecke nach Frankfurt nehmen können. 10.01 Uhr wäre ich dort gewesen, »mein« IC nach Würzburg fuhr erst 10.14 Uhr ab Frankfurt. Passt doch. Bloß wie soll's gehen? Kann ich einfach mit dem Fahrschein durchs Rheintal den Umweg über Köln und die Neubaustrecke nehmen? Muss ich erst am Servicepoint einen Stempel holen? Schaffe ich das zeitlich? Und wer trägt die nicht unerheblichen Mehrkosten? Für mich eine Form von Stress, die ich überhaupt nicht mag. An Tagen, die so anfangen, wäre man besser liegen geblieben.

Die Bahn aus Rheinbach kam um 8.21 Uhr in Bonn an. Ich hatte genügend Zeit, auf Gleis drei zu gehen, um »meinen« fahrplanmäßigen 8.13-Uhr-Zug zu nehmen, denn dieser hatte fünfzehn Minuten Verspätung.

Die Freude darüber, dass ich diesen Zug doch noch bekommen hatte, war eigentlich groß. Und doch ging die Rechnerei gleich wieder los. In Würzburg habe ich nur dreizehn Minuten Übergang, um den Zug nach Neustadt zu kriegen. Doch, dachte ich mir, ein paar Minuten kann der IC bequem aufholen. Zum einen wurden die Fahrzeiten mit dem Fahrplan verändert, und zum anderen kann der Lokführer doch etwas intensiver am Hebel drehen. Wenn es in Frankfurt auch noch schnell geht beim Lokwechsel, dann sollte es kein Problem sein.

Bis Koblenz hatte er auch schon einige Minuten gutgemacht. Doch dort verzögerte sich die Abfahrt »wegen einer Türstörung um wenige Minuten«, wie uns der Zugbegleiter um 9.05 Uhr wissen ließ. Um 9.17 Uhr ging's weiter. Vom Frankfurter Hauptbahnhof fuhren wir dann mit zwanzigminütiger Verspätung ab. Was tut der Reisende in solchen Fällen? Er vertraut sich dem Zugbegleiter an. »Ich muss den Zug von Würzburg nach Neustadt kriegen. Würden Sie das bitte vormelden?«, fragte ich den Zugbegleiter. Die Antwort erstaunte und verwirrte mich zugleich, denn ich hatte eigentlich mit einem freundlichen und eindeutigem »Klar, machen wir« gerechnet. »Die fahren jede Stunde ... das geht bei uns seinen Gang«, hieß es stattdessen.

Das klang nicht nur bedrohlich, das war es auch. Man weiß nie, ob ein Zugbegleiter die Wünsche und Nöte seiner Reisenden ernst nimmt und entsprechende Vormeldungen abgibt. In diesem Fall war ich mir eher unsicher. Der Zug kam mit fünfundzwanzig Minuten Verspätung in Würzburg an, der Anschluss nach Neustadt war natürlich weg. Mal wieder eine Stunde verloren. Inzwischen hatte ich die Kollegen, die mich in Neustadt abholen sollten, über Umwege auch erreicht. Ich musste dann ein Taxi nehmen, um nach Dutzenthal zu gelangen, denn eine Stunde wollte man in Neustadt dann doch nicht auf mich warten.

Samstag, 11. Januar 2003

Die Rückfahrt von Neustadt nach Bonn verlief ungewöhnlich unspektakulär. Fast hätte ich nichts zu meckern gehabt. Die Regionalbahn von Neustadt brachte mich und ein Präsidiumsmitglied von EURONATUR pünktlich nach Würzburg. Sowohl mein Zug nach Mainz (dort musste ich umsteigen) als auch der ICE für die Kollegin kamen planmäßig an. Ich erreichte Mainz wie vorgesehen, und auch mein Anschlusszug nach Bonn war pünktlich. Es war eine Zuggarnitur der Schweizerischen Bahn. Da ich diesmal in der ersten Klasse fuhr, setzte ich mich in den so genannten Panorama-Wagen. Das ist ein Großraumwagen, der über extrem große Fensterflächen verfügt und so einen herrlichen Ausblick auf die Landschaft gestattet.

Zufällig hatten sich mir gegenüber die Zugbegleiter platziert. Und da bekam ich dann doch noch so einiges zu hören. Der Zugchef telefonierte mit Gott und der Welt. Denn der EC 2 (so die Zugbezeichnung) hatte weder einen Speisewagen noch eine Minibar an Bord. Und die Leute dürsteten ohne Ende. Der Toilette in der ersten Klasse ging es nicht besser, auch die hatte kein Wasser. Schon spannend, was man da so hören konnte: »Schickt mal in Köln eine Minibar rauf, der Kollege kann sich gutes Geld verdienen.« Eines muss man den Zugbegleitern jedoch lassen: Sie haben an ihre Reisenden gedacht. In Koblenz ergatterte der Zugchef zehn Einwegflaschen Mineralwasser. Die waren in Sekundenschnelle verkauft. Die Toilette blieb dennoch geschlossen.

»Kontrolle muss sein!«

Lieschen Müller und die Bahn – Teil IV

Also, das sage ich Ihnen; Ordnung muss schon sein. Da habe ich meine Prinzipien. Deshalb finde ich es auch gut, dass in den Zügen der Bahn und bei den S-Bahnen und Straßenbahnen immer wieder kontrolliert wird. Das geht ja nicht, dass manche Leute einfach ohne Fahrkarte fahren, und die Allgemeinheit soll das dann bezahlen! Das sagen Sie doch auch, oder? Ich gehe jetzt mal davon aus, dass Sie selbst kein Schwarzfahrer sind. Also zumindest kein absichtlicher Schwarzfahrer. Es ist ja was anderes, wenn man versehentlich schwarzfährt, aber zu Hause die Wochen- oder Monatskarte liegen hat. Dann hat man ja seinen Fahrpreis längst bezahlt. Aber mit den Leuten, die da auf Kosten der Allgemeinheit Bahnleistungen schnorren, will ich nix zu tun haben. Also: Kontrolle muss einfach sein.

Aber was ist das für eine Kontrolle? Also, ich muss Ihnen sagen, mir geht das ganz gehörig auf den Wecker, wie die Leute oft daherkommen. Bei den S-Bahnen bei uns in der Gegend, da haben sie welche, die tun immer so geheimnisvoll, wenn sie den Wagen betreten, damit jeder meint, das sind ganz normale Fahrgäste, und keiner abhaut, damit er nicht kontrolliert wird. Man sieht den Leuten aber schon von weitem an, dass es eben Hilfskräfte sind.

Das alles wäre nun nicht weiter schlimm, aber ich kann Ihnen sagen: Von durchschnittlich zehn Leuten, die da kontrollieren, stinkt die Hälfte dermaßen nach Schweiß, dass ich glatt wieder zur Bahnhasserin werde. Nun können die armen Leute vielleicht nichts dafür, weil sie vielleicht keinen anderen Job gefunden haben und das Kontrollieren eine schweißtreibende

Arbeit ist. Aber vielleicht sollten die Betreiber der S-Bahnen die Leute besser bezahlen, damit sie öfter ihre Hemden wechseln können. So eine Zumutung! In den Zügen der Deutschen Bahn ist es ja auch nicht viel anders. Auch dort stinkt nach meiner Erfahrung ein Viertel des Zugpersonals stark nach Schweiß. Entweder muss die Schicht kürzer sein, damit sie duschen können, oder die müssen ein Ersatzhemd mitnehmen. Oder was meinen Sie? Mir jedenfalls macht es keinen Spaß, wenn ich den Kontrolleur schon rieche, bevor ich ihn sehe.

Von der Reiselust zum Bahnfrust

Eine nicht ganz objektive Bahngeschichte

Aufbruch ins mobile Zeitalter – die Glanzzeit der Eisenbahn

Es war der 7. Dezember 1835, als in Deutschland eine neue Epoche eingeläutet wurde. An diesem Tag dampfte der *Adler,* die erste Lokomotive, zwischen Nürnberg und Fürth durch deutsche Lande – ein entscheidender Schritt auf dem Weg zur mobilen Gesellschaft war damit getan. Aus England hatte man ja schon einiges gehört über das neue dampfende Verkehrsmittel. Bereits im September 1830 war dort die erste Bahnverbindung zwischen Liverpool und Manchester in Betrieb gegangen. Und in Frankreich war zwei Jahre zuvor eine Verbindung zwischen St. Etienne und Andrézieux eröffnet worden.

Zwar gab es zu dieser Zeit auch im Deutschen Reich schon Bahnen, allerdings waren dies Werkbahnen, die insbesondere auf den Zechen verkehrten. Wer reisen oder Güter transportieren wollte, war noch auf Kutschen angewiesen. Nun aber brach endlich auch im Deutschen Reich die neue Zeit an.

Schnell verloren die umständlichen und langsamen Pferdefuhrwerke an Attraktivität. Nach anfänglicher Skepsis – vielen Reisenden war das Tempo von damals dreißig Stundenkilometern am Anfang nicht geheuer – wurde das neue Verkehrsmittel geradezu euphorisch angenommen.

Unglaublich, aber wahr: Schon auf der ersten Linie zwischen Nürnberg und Fürth verkehrten die Züge tagsüber im Stundentakt. Bereits im ersten Jahr nutzten durchschnittlich 615

Reisende pro Tag in jeder Richtung die damals ganze sechs Kilometer lange Bahnstrecke.

Absolute Pünktlichkeit war oberstes Gebot. Und so mancher verpasste den Zug, weil er sich auf die Uhr der Kirche zu Fürth verließ. Nach massiven Beschwerden ordnete der Magistrat an, dass sich die Kirchenuhr künftig nach der Eisenbahnuhr zu richten habe.

Die erste Fernbahn Deutschlands nahm am 7. April 1839 zwischen Leipzig und Dresden ihren Betrieb auf.

Im Jahre 1890 hatte die Eisenbahn in Deutschland bereits fünfundsiebzig Prozent des Güterverkehrs und fünfundneunzig Prozent des Personenverkehrs gewonnen. Die jährlichen Wachstumsraten lagen bei weit über hundert Prozent. Das neue Verkehrsmittel wurde in einem Maße von der Bevölkerung genutzt, wie man es sich vorher kaum hatte vorstellen können. Die Bahn kam in Fahrt – die Reiselust war geboren.

Die Bedeutung der Eisenbahn zur Mitte des 19. Jahrhunderts lässt sich gar nicht hoch genug einschätzen. Das damals eher rückständige, trotz der napoleonischen »Flurbereinigung« noch immer an den Folgen jahrhundertelanger Kleinstaaterei leidende Deutsche Reich erlebte durch die Eisenbahn einen enormen wirtschaftlichen Aufschwung. So entstanden ab etwa 1840 überall in Deutschland Fabriken für Lokomotiven, Waggons, Schienen und andere Ausrüstungsgegenstände. Entsprechend viele Arbeitsplätze wurden geschaffen. Bis dahin mussten diese Güter teilweise aus England importiert werden.

Neben neuen Arbeitsplätzen brachte dieser Aufschwung aber auch erstmals so etwas wie einen einheitlichen nationalen Markt – verbunden mit einer gewissen Preisgleichheit zwischen den einzelnen Provinzen, wie es sie bislang nicht gegeben hatte.

Auch die Städte wuchsen, weil die Lebensmittel schnell und in großem Umfang vom Land in die städtischen Zentren transportiert werden konnten. Hungersnöte, wie sie etwa in Schlesien vorkamen, gehörten nunmehr fast der Vergangenheit an. Selbst in die Hochschulen, wo neue Bereiche in den Ingenieurwissenschaften entstanden, reichte der Einfluss der Eisenbahn. Darüber hinaus leistete die Bahn auch dem technischen Fortschritt Vorschub. Etwa durch die Übernahme und Verbreitung des elektrischen Telegraphen.

Es wurden bald mehrere Bahngesellschaften gegründet, die das Land recht willkürlich mit ihren eigenen, oft kurvenreichen Strecken überzogen. Sie legten damit den Grundstein für ein Wegenetz, das teilweise bis heute besteht. Eine historische Fehlleistung, wie Experten heute meinen. Von der Politik nicht erkannt, wurde sie zur Erblast, die die Bahn bis heute lähmt.

Neben zahlreichen Unfällen, wie zum Beispiel Kesselexplosionen und Bremsversagen, gab es in den frühen Jahren der Bahn auch reichlich Probleme mit dem laufenden Betrieb. Denn die einzelnen Bahngesellschaften hatten oftmals ihre eigenen Bahnhöfe und natürlich auch Vorschriften.

Probleme bereitete auch die Einteilung in zehn unterschiedliche Eisenbahnzeitordnungen. Erst 1893 wurde die »Eisenbahnzeit« per Gesetz vereinheitlicht. Fortan regelte das Reichskursbuch den Eisenbahnverkehr im deutschen Kaiserreich. Der Tagesablauf im ganzen Land wurde bald schon darauf abgestimmt. Fabriken etwa legten nunmehr Arbeitsbeginn und -ende nach dem Fahrplan der Eisenbahn fest. So entstand nach und nach eine erste allgemeine gesellschaftliche Zeitordnung.

Das zunehmende Tempo der Bahn verkürzte die Transportzeiten und beschleunigte auf diese Weise das gesellschaftliche Leben. Zeit wurde sprichwörtlich zu Geld – eine Weisheit, die in diesen Jahren eine neue Bedeutung erlangte. So erkannte der Eisenbahningenieur Blum 1897 den enormen Zeitgewinn für Geschäftsreisende, die mit der Bahn unterwegs waren: Sie waren zwischen 1860 und 1920 eine besonders wichtige Klientel.

Mit der Eisenbahn kam also die Tempogesellschaft – im Rausch der neuen Geschwindigkeit hatte das nur keiner so richtig bemerkt.

Zu Beginn des 20. Jahrhunderts erlebte die Bahn ihre Blütezeit. Die meisten Bahngesellschaften fuhren große Gewinne ein. Zahlreiche repräsentative Bahnhöfe wurden gebaut. Viele von ihnen zieren noch heute als architektonische Erinnerung die deutschen Innenstädte.

Kurz vor Ausbruch des Ersten Weltkrieges im Jahr 1914 bewältigte die Deutsche Reichsbahn fast hundert Prozent des Personenverkehrs und fast fünfundneunzig Prozent des Güterverkehrs. Sie war damit auf dem Höhepunkt ihrer Bedeutung angelangt und spielte in allen Bereichen des täglichen Lebens eine tragende Rolle.

Doch schon zogen die ersten dunklen Wolken auf: Der größte Konkurrent der Eisenbahn ging an den Start – das Auto.

Im Schatten der Kriege – der Niedergang der Bahn

Die Schatten des Ersten Weltkrieges und seine Folgen machten dem Boom der Bahn ein Ende. Ab 1918 begann der Niedergang der Eisenbahn in Deutschland.

Vieles war zerstört, und das, was intakt geblieben war, weckte die Begehrlichkeiten der Siegermächte. 18 000 Lokomotiven und über 240 000 Waggons gingen an die Alliierten, so dass der Verkehr nicht in der gewohnten Weise abgewickelt werden konnte. Besonders dramatisch war der Einbruch der Gewinne im Güterverkehr.

Das Jahr 1920 brachte eine Konzentration des deutschen

Eisenbahnwesens: Die deutschen Bahngesellschaften wurden zur Deutschen Reichsbahn zusammengeschlossen.
Ab 1925 hatte die Reichsbahn die Reparationszahlungen an die Alliierten zu begleichen: pro Jahr 660 Millionen Goldmark, alles in allem über 4,5 Milliarden. Wichtiges Kapital wurde auf diese Weise abgezogen, Kapital, das die Bahn im Wettbewerb gegen das Auto und den aufkommenden Luftverkehr schon damals dringend gebraucht hätte.
Wenig später wurde »Tempo« zum bestimmenden Kriterium der technischen Leistungsfähigkeit von Verkehrsmitteln. Nicht nur in der Bevölkerung. Auch die Politik verfiel dem Geschwindigkeitsrausch. Und die Bahn geriet mehr und mehr unter Druck.
Rekorde mussten her. Der »Fliegende Hamburger«, Urvater aller Deutschen Schnellzüge, eilte 1933 planmäßig mit einhundertfünfundzwanzig Kilometern pro Stunde von Hamburg nach Berlin. Und die Konstruktion neuer Schnellzug-Dampflokomotiven steigerte die durchschnittliche Reisegeschwindigkeit der Fernzüge auf über hundert Stundenkilometer.
Doch das war nicht genug – schon gab es Überlegungen, die klassische Eisenbahn abzulösen. Der »Schienenzeppelin« stand für einen der vielen frühen Versuche. Er erreichte 1930 bereits zweihundertdreißig Stundenkilometer – und blieb dennoch bald buchstäblich auf der Strecke.
1935 wurde die Eisenbahn in Deutschland hundert Jahre alt. Der Jubel war groß – und dennoch nur ein Abgesang. Zum Geburtstag gab's Streckenstilllegungen und massive Ertragseinbrüche, denn das Auto hatte seinen Siegeszug angetreten. Ein Rückgang von über fünfunddreißig Prozent im Personen- und Güterverkehr musste verkraftet werden. Zudem wurden große Teile der Gewinne – aber auch Personal der Reichsbahn – seit 1933 zum Straßenbau herangezogen.

Parallel dazu förderten die nationalsozialistischen Machthaber den Bau von Autofabriken (Volkswagen). Und wer einen Lkw anschaffte, kam in den Genuss staatlicher Beihilfen. Für die Bahn blieb dies nicht ohne Folgen. Die Erträge im Güterverkehr brachen weiter ein; das Gütergeschäft ging verloren – und ist es bis heute im Grunde genommen auch geblieben.
Schließlich wurde die Bahn ab Mitte der dreißiger Jahre für die Kriegsvorbereitungen vereinnahmt und später zum Transport von Millionen Menschen in die nationalsozialistischen Vernichtungslager missbraucht – das wohl dunkelste Kapitel der deutschen Bahngeschichte.
Fazit: Zum hundertsten Geburtstag konnte der Zustand der Bahn kaum schlechter sein, sie litt unter

- Gewinnentnahme
- geringen Investitionen
- abnehmender Attraktivität
- einer stagnierenden Nachfrage bei wachsender Konkurrenz durch Auto und Flugzeug

Das alles machte wenig Hoffnung auf eine erfolgreiche Zukunft.

Die Politik kommt zum Zuge – und die Bahn endgültig unter die Räder

Am Ende des Zweiten Weltkrieges lag auch die Bahn in Deutschland am Boden. Fast alle großen Eisenbahnknotenpunkte, viele Brücken und Bahnhöfe sowie zahlreiche Lokomotiven und Waggons waren zerstört. Neben den massiven Luftangriffen der Alliierten auf Bahnanlagen hatten auch deutsche Truppen auf Befehl des »Führers« Brücken und an-

dere Anlagen beim Rückzug zerstört. So wollte man »die feindlichen Truppen fern halten« – ein untauglicher Versuch, wie wir heute wissen.
Dennoch gelang es Eisenbahnern binnen kurzer Zeit, das verbliebene Schienennetz wieder in Betrieb zu nehmen. Die wenigen intakten Lokomotiven zogen hauptsächlich Güterzüge. Personenverkehr fand vor allem auf den Flüchtlingsrouten statt. In Güter- und Viehwaggons wurden die Vertriebenen aus den verloren gegangenen Ostgebieten gen Westen gefahren. Was für die Naziopfer die Fahrt ins Verderben war, wurde in umgekehrter Richtung für Millionen Heimatvertriebene zur Reise in eine ungewisse Zukunft.
Dennoch: Mit dem Wiederaufbau der Bahnanlagen ging es nur langsam voran. Aus eigener Kraft war er von der Bahn ohnehin nicht zu leisten. Zu groß waren die Schäden – und zu gering das Kapital und die Umsätze. So blieb es nicht aus, dass die Bahn ab 1950, sie firmierte mittlerweile unter der Bezeichnung *Deutsche Bundesbahn,* staatliche Subventionen benötigte.
Versuche der Politik, die Eisenbahn im Wettstreit mit dem Auto zu stärken, scheiterten. Im Jahr 1953 wurde ein »Straßenentlastungsgesetz« auf den Weg gebracht. Es sollte die ans Auto verlorene Güterfracht zurück auf die Schiene bringen. Zwei Jahre später scheiterte das Gesetz endgültig. Stattdessen wurden die Fernstraßen ausgebaut.
Es war also nicht zu übersehen: Die Politik hatte sich endgültig für das Auto entschieden – und bremste dic Eisenbahn weiter aus.
Bis zum Jahr 1960 waren erst siebzig Prozent der kriegsbedingten Schäden an der Eisenbahn behoben. Und sechzig Prozent der Beförderungsleistungen wurde von Dampflokomotiven der (Vor-)Kriegszeit erbracht. Laut Gutachten der so genannten »Brand-Kommission« betrug der akute Fi-

nanzbedarf der Bahn für Modernisierungsmaßnahmen im Jahr 1960 vierundzwanzig Milliarden DM (zwölf Miliarden Euro), Neubaustrecken nicht eingerechnet. Die Mittel wurden jedoch nie bewilligt. Denn der Staat sparte an der Bahn, wo immer er konnte.

Im Straßenbau, vornehmlich finanziert durch die Mineralölsteuer, entstanden in den alten Bundesländern seit 1960 für rund 450 Milliarden DM (230 Milliarden Euro) 150 000 neue Kilometer. Bei der Bahn gab es gerade mal 700 Kilometer Neubaustrecken, S-Bahn-Strecken inklusive, für die der Staat 56 Millionen DM (28 Millionen Euro) übrig hatte. Zum überwiegenden Teil musste die Bahn für ihren Wiederaufbau selbst aufkommen. Und sich dafür am Kapitalmarkt hoch verschulden.

Zu Beginn der sechziger Jahre hatte die Bahn bereits 10,4 Milliarden DM (5,3 Milliarden Euro) Schulden angehäuft. Auch Streckenstilllegungen in vorher unvorstellbarem Ausmaß brachten nicht den Durchbruch in die Gewinnzone. Stattdessen verlor das erste Verkehrsmittel, das sich alle Schichten der Bevölkerung leisten konnten, nach dem Güterverkehr nun auch im Personenverkehr Marktanteile. Die Bahn verkam zu einem Transportmittel für diejenigen, die kein Geld für ein Auto hatten.

Mit dem Abstieg zur »Personenspedition« war der Grundstein für die Dauerpleite der Bahn gelegt – sie war zum Haushaltsrisiko geworden.

In der Folge mussten viele Nebenbahnen eingestellt werden, deren Betrieb wirtschaftlich nicht mehr vertretbar war. Allein bis Mitte der achtziger Jahre wurden über 8000 Kilometer auf Busbetrieb umgestellt und über 3500 Kilometer ganz stillgelegt. Entsprechend überflüssig wurden viele Bahnhöfe, die mehr und mehr vergammelten oder abgerissen wurden.

Die Ausweitung der maximal zulässigen Lkw-Maße und -Ge-

wichte führte zu einer weiteren Verlagerung von Gütern auf die Straße. Die früher bei fast allen Bahnhöfen üblichen Güterannahmen, Laderampen und Rangiergleise für Güterwaggons wurden zusehends überflüssig.
Auf das Staatsunternehmen *Deutsche Bundesbahn* kamen zudem staatspolitische Aufgaben zu: »Beförderungspflicht«, »Fahrplanpflicht«, »Betriebspflicht« und »Tarifpflicht«, um nur einige zu nennen. Es waren Leistungen der Bahn, die im Interesse des Staates ohne Rücksicht auf die Ertragssituation erbracht werden mussten. Der Staat ließ »seine« Bahn für wirtschaftliche, raum- und sozialpolitische Ziele rollen, ohne sie angemessen dafür zu entschädigen.
Der vom damaligen Verkehrsminister Georg Leber entwickelte *Leber-Plan* (durch Fahrverbote für Lkws Güter zurück auf die Schiene zu bringen) ließ sich nicht durchsetzen.
Unter Experten gilt diese Benachteiligung unter Wettbewerbsgesichtspunkten als eine der wichtigsten Ursachen dafür, dass die Bahn sich bis heute unflexibel und wenig anpassungsfähig für die Dynamik eines modernen Verkehrsmarktes zeigt.
Ein erster ernsthafter Versuch, die Bahn wieder aufzurichten, fand sich im *Verkehrspolitischen Programm der Bundesregierung 1968-72*. Der Bahn wurden mittelfristig 12,5 Milliarden DM (6,4 Milliarden Euro) zugestanden. Dennoch, der Vergleich der Bruttoanlageinvestitionen zeigt, wo die Prioritäten lagen. Straßenbau: 1960 – 3,4 Milliarden DM (1,7 Milliarden Euro); 1970 – 11,6 Milliarden DM (5,9 Milliarden Euro)
Bahn: 1960 – 1,75 Milliarden DM (894 Millionen Euro); 1970 – 2,22 Milliarden DM (1,13 Milliarden Euro)
So konnte es nicht ausbleiben, dass der Schuldenberg der Bahn weiter rapide anwuchs. Bis 1972 hatte die Bahn 18 Milliarden DM (9,2 Milliarden Euro) Schulden eingefahren. Die Erträge deckten nur noch zu fünfundvierzig Prozent die Gesamtkosten.

Anstelle das Massenverkehrsmittel Bahn finanziell so auszustatten, wie es für ein »Unternehmen Zukunft« notwendig gewesen wäre, verschrieb sich die Politik den Vorkriegsideen einer Magnetbahn. 1971 versuchte Bundesverkehrsminister Georg Leber – immerhin oberster Dienstherr der Bahn – mit einer »Hochleistungsschnellbahn-Studie« der Industrie sein neues altes Lieblingsprojekt abzusichern. Die Studie kam im Wesentlichen zu zwei Ergebnissen:

1. Das klassische Rad-Schiene-System hat seine technischen Grenzen erreicht.
2. Es gibt Bedarf für ein neues Verkehrssystem, das die Geschwindigkeitslücke zwischen Bahn und Flugzeug schließt.

Messerschmidt-Bölkow-Blohm und Krauss-Maffei präsentierten daraufhin noch im gleichen Jahr einen Prototypen. Fortan verstieg sich die Politik in Lobpreisungen für die neue Technologie – und stellte die Bahn einmal mehr aufs Abstellgleis.
Eine gewisse Wende für die Bahn kam, wenn auch völlig unbeabsichtigt, im Jahr 1972. Das *Programm zur Erforschung der technischen und wirtschaftlichen Grenzen der Bahn* sollte Gewissheit bringen über das technische Ende der Bahn – und die Zukunft der Magnetbahn. Und förderte das Gegenteil zutage: Es eröffnete der Bahn die Zukunft.
Der Hochgeschwindigkeitszug ICE ist letztlich Ergebnis dieser Forschungen. Wenn auch zunächst eher als unbeabsichtigtes Nebenprodukt der Versuche, die Magnetbahn zu etablieren, und weniger als Ergebnis gezielter Modernisierungsstrategien für die Bahn.
Aber immerhin, als der erste ICE zum Fahrplanwechsel 1991 anrollte und Hamburg mit München verband, war für die

Bahn der Anschluss an das europäische Hochgeschwindigkeitsnetz geschafft – wenn auch mit über zehn Jahren Verspätung.
Die Politik indes betrachtete die Bahn einmal mehr mit Argwohn. Zu groß waren die Defizite, die das Staatsunternehmen alljährlich – zu Lasten des Bundeshaushalts – einfuhr. Dass die Bahn dafür im täglichen Betrieb zumindest einigermaßen reibungslos funktionierte, ließ die meist Dienstwagen fahrenden Verkehrspolitiker eher unbeeindruckt.
In der Deutschen Demokratischen Republik fuhr die Bahn weiter unter dem altem Namen *Deutsche Reichsbahn.* Größer noch als in Westdeutschland waren allerdings die Probleme beim Wiederaufbau des Eisenbahnwesens in Ostdeutschland. In großer Anzahl mussten Lokomotiven, Waggons und anderes Material nach dem Krieg an die Sowjetunion oder andere Länder als Reparation abgetreten werden.
Anders als in der Bundesrepublik setzten die Regierenden in Ost-Berlin weniger auf die Förderung des Individualverkehrs. Der private Pkw-Verkehr wurde in der DDR nicht mit dem gleichen politischen Eifer verfolgt wie im Westen. Folglich blieben dort zahlreiche Nebenstrecken der *Deutschen Reichsbahn* in Betrieb – und damit die Erschließung ländlicher Gebiete erhalten.
Das gänzlich andere Betriebskonzept der *Deutschen Reichsbahn* verdient durchaus unser Interesse: Während man bei der *Deutschen Bundesbahn* auf immer höhere Spitzengeschwindigkeiten setzte, bevorzugte man in der DDR Züge mit annähernd gleichem Tempo um die hundert Stundenkilometer. Selbst Schnellzüge waren kaum schneller als Güterzüge. Die Streckenkapazitäten konnten so deutlich besser ausgenutzt werden, als dies im Westen der Fall war. Mit mäßiger Geschwindigkeit rollten die Züge im Blockabstand. Das hieß: Sobald ein vorausfahrender Zug einen Gleisabschnitt

passiert hatte, fuhr der nächste Zug in den Bereich ein. Nicht selten verkehrten die Züge in Sichtweite.

Die »Privatisierung« der Bahn – vom Bundesunternehmen zum Staatsunternehmen

Der 1. Januar 1994 sollte zum Schicksalstag der Eisenbahn in Deutschland werden. Im Zuge der *Verkehrsprojekte Deutsche Einheit* wurden die Eisenbahn-West und die Eisenbahn-Ost zu einem Unternehmen verschmolzen. Das Ganze nannte sich *Bahnreform.* An deren Ende stand die Privatisierung. Fortan existierten die Staatsunternehmen *Deutsche Bundesbahn* (West) und *Deutsche Reichsbahn* (Ost) nicht mehr. Als *Deutsche Bahn AG* sollte sich die Eisenbahn in Deutschland künftig als privates Wirtschaftsunternehmen bewähren.

Unter dem Dach der *Deutschen Bahn AG* ist eine Reihe von Einzelunternehmen versammelt mit so unterschiedlichen Zuständigkeiten wie Fernverkehr, Nahverkehr, Güterverkehr, Bahnhofsbetrieb, Schienennetz usw.

Im täglichen Betrieb hat das durchaus Nachteile. Der früher so oft beschrittene »kleine Dienstweg«, der so manche kritische Situation meistern half, ist nun versperrt. Denn jeder Bereich wirtschaftet für sich – leider auch auf Kosten der anderen und somit des gesamten Systems. Wenn zum Beispiel der Geschäftsbereich »Netz« wenig gebrauchte Gleise und Weichen abbaut, können sich Züge an immer weniger Stellen begegnen oder überholen. Besonders störend wirkt sich das auf den ohnehin angeschlagenen Güterverkehr aus. Verspätungen sind unweigerlich die Folge.

Und welcher Fahrgast hat es nicht schon erlebt, dass das Personal des einen Zuges nichts von den Verspätungen des anderen weiß. Und wer kennt es nicht, dass der Fahrradwagen

an der Spitze des Zuges ist, obwohl die Durchsage im Bahnhof etwas anderes erzählt hat. Dann haben ganz einfach mal wieder zu viele Köche den Brei verdorben.
Die fast 36 Milliarden Euro Schulden der alten Bahn hat der Bund im Rahmen der Reform selbst übernommen – das neue Unternehmen sollte unbelastet an den Start gehen. Allerdings: So ganz trennen wollte sich der Staat dann doch nicht von seiner Bahn. Und so blieben die Aktien des Privatunternehmens *Deutsche Bahn AG* zu hundert Prozent in Staatsbesitz – und sie sind es noch heute.
Diese Konstruktion hat für den Staat einen nicht unbedeutenden Nebeneffekt: Die Defizite, die das staatseigene »Privatunternehmen« *Deutsche Bahn AG* einfährt, belasten nicht länger den Bundeshaushalt. Sie belasten den Haushalt des Unternehmens *Deutsche Bahn AG*. Eine Transaktion die, wie manche meinen, nur eines zum Ziel hatte, nämlich das Stabilitätskriterium drei Prozent Defizit im Staatshaushalt für die Einführung des Euro leichter zu schaffen.
Ein Trugschluss – wie wir heute wissen.
Der 15. Dezember 2002 ist der vorläufig letzte Höhepunkt der wechselvollen Geschichte der deutschen Eisenbahn. Mit der großen Preis- und Streckenreform wollte die *Deutsche Bahn AG* ins neue Jahrtausend starten. Bahnbrechend sollte das Projekt sein. Die meisten sollten billiger fahren, und alle besser, sowieso. Vor allem mit dem ICE III, der mit über dreihundert Stundenkilometern Köln und Frankfurt verbindet und mit den Haltepunkten Siegburg, Limburg und Montabaur drei Mittelzentren in die Oberliga deutscher Städte katapultiert.
Doch schnell wurde klar: Der Frust der Betroffenen ist riesig, die Verspätungen sind es auch und der Bahn laufen immer mehr langjährige Kunden weg.
Es dauerte lange und kostete viele Millionen Euro, bis die Bahn eine halbherzige Kehrtwende vollzog. Im Mai 2003

wurde eine Kurskorrektur angekündigt und zwei hochrangige Manager bei der *Deutschen Bahn AG* entlassen. Bahnchef Hartmut Mehdorn, der ja letztlich das neue Preisgefüge mit zu verantworten hatte, blieb jedoch im Amt.

Was nach einhundertachtundsechzig Jahren deutscher Bahngeschichte und -geschichten bleibt, ist das ungute Gefühl, dass Politiker, also die, die selbst eher selten Bahn fahren, zu allen Zeiten Entscheidungen getroffen haben, die der Bahn und damit auch dem öffentlichen Interesse an einem attraktiven umweltfreundlichen Verkehrsmittel zum Nachteil gereicht haben. Dabei brauchen wir eine Bahn, die als ökologisches und ökonomisches Verkehrsmittel den Verkehrsinfarkt der Straßen stoppen hilft.

Auto statt Bahn

Statistik – Teil II

Geleistete Personenkilometer (PKm) in Deutschland

Die folgenden Zahlen machen es deutlich: Jahrzehntelange Investitionen in den Straßenverkehr drängten die Eisenbahn ins Abseits.

- Eisenbahn 75,1 Milliarden PKm
- motorisierter Individualverkehr 758 Milliarden PKm

(Quelle: Statistisches Bundesamt, 2002)

Wie viele Menschen fahren Bahn?

Zahl beförderter Personen (in Millionen) im Vergleich:

- Deutschland 1713
- Japan 8798
- Ägypten 1398

(Quelle: Statistisches Bundesamt, 2002)

Mobiles Europa

Zuwachs verschiedener Verkehrsträger (in Milliarden Personenkilometern)

	PKW	Bus	Straßenbahnen und Metro	Eisenbahn	Luftverkehr	Summe
1970	1582	269	39	219	33	2142
1980	2295	348	41	248	74	3006
1990	3199	369	48	268	157	4041
1991	3257	378	48	276	166	4126
1995	3506	382	47	274	202	4410
1996	3558	391	48	282	209	4488
1997	3622	393	49	285	222	4571
1998	3702	402	50	287	241	4682
1999	3788	406	51	295	260	4801
2000	3789	413	53	303	281	4839
1991 bis 2000	+ 16 %	+ 9 %	+ 10 %	+ 10 %	+ 70 %	+ 17 %

(Quelle: Europäische Kommission, 2003)

Schöne neue Bahn-Welt

Der Verkehrsclub Deutschland (VCD) wagt einen Blick in die Zukunft

von Dr. Felix Berschin,
Vorsitzender des VCD Landesverbandes Baden-Württemberg

Wir schreiben das Jahr 2018. Soeben wurden per Volksabstimmung die Vereinigten Regionen von Europa aus der Taufe gehoben und damit die Nationalstaaten begraben, die ihre Symbole schon lange vorher eingebüßt hatten. Die Armeen sind schon seit Jahrzehnten Weltpolizisten unter dem Kommando von UNO und NATO, die großen nationalen Post- und Telefongesellschaften sind in den neunziger Jahren des vorigen Jahrhunderts privatisiert worden und mittlerweile weltweit agierende Konzerne. Während unser virtueller Robert der mangentafarbenen *Deutschen Telekom AG* munter für Quatschen, Mailen und Chatten wirbt, hat die *Norska Posten* eine Marktnische durch die Verknüpfung ihrer Post-/Arzneizustellung mit der Beförderung von Schülern und Behinderten in dünn besiedelten Gebieten gefunden und gerade einen Großauftrag in Slowenien angenommen.
Besonders schwierig gestaltete sich die Zukunft der Staatsbahnen. Während das Vereinigte Königreich in der Hochphase des Neoliberalismus die Staatsbahn kurzerhand in über sechzig Gesellschaften zerschlagen hatte und durch die Börsenspekulation mit dem Eisenbahnnetz zunächst wahnwitzige Gewinne und später alarmierende Verluste einfuhr, waren Bahn-Reformen auf dem Kontinent ein umstrittenes Dauerthema. Die schlechten Erfahrungen, die die private Spekulation mit dem Eisenbahnnetz in England gebracht hatte, lieferten denjenigen Argumente, die die Staatseisenbahn als eine

letzte Bastion nationaler Identität betrachteten und daher vor jeglichen Versuchen warnten, den Status quo auch nur um ein Jota zu verändern. Eisenbahn war für sie die Heimat von Millionen (Wählern), von denen allerdings nur ein Bruchteil erwerbstätig war. Ganze Generationen suchten soziale Zuflucht unter dem schützenden Dach der Staatsbahnen. Die ausgeprägten Kleingartenanlagen, Sozialwerke und Geschichtsvereine zeugen vom einstigen Staat im Staate der Eisenbahn. Fünfunddreißig-Stunden-Woche und die Rente mit fünfundfünfzig waren Ausweis für die sozialstaatliche Dimension des Staates.

In diesen Geflecht von (Privat-)Interessen kamen die Kunden nur am Rande vor, auch der Wettbewerb auf der Schiene galt als Ausgeburt des Teufels im Paradies allumfassender Fürsorge. Diese Staatsbahnen, das Ergebnis hervorragender Ingenieurleistungen, waren im 19. Jahrhundert auch gegründet worden, um den Nationalstaaten die Möglichkeit mobiler Kriegsführung zu verschaffen.

Und im 20. Jahrhundert entdeckten die Politiker so nette Spielzeuge wie den Transrapid und Hochgeschwindigkeitsstrecken mit Geschwindigkeiten bis zu vierhundert Stundenkilometern, die sich aber letztlich als unwirtschaftlich erwiesen.

In den Vereinigten Regionen von Europa haben noch drei ehemalige Staatseisenbahnen als Regionalbahn überlebt, die anderen sind an Streiks, zunehmender Verschuldung und mangelndem Kundenzuspruch gescheitert. Sie erwiesen sich als vornehmlich politisches Streitobjekt und Versuchskaninchen für Verkehrsprojekte, die aus Größenwahn entstanden sind. Alle möglichen Probleme wollte die Politik mithilfe der Bahn lösen, nur nicht die Verkehrsprobleme. Kunden und Wähler haben nicht mitgespielt, und nun sind, wie in den USA, weite Landstriche ohne Schienenanbindung, zumindest

für den Personenverkehr (im Güterverkehr wurden die Reste der Staatsbahnen von amerikanischen Gesellschaften aufgekauft, die nun mit wenig Aufwand sehr effizient gigantische Güterzüge über große Entfernungen laufen lassen).
In den deutschsprachigen Regionen verlief die Entwicklung dagegen wesentlich besser. Vor rund fünfzehn Jahren erlebten die Vorläufer des heutigen VerkehrsClubEuropa (VCE), der VCD (für Deutschland) und seine Schwestern VCÖ (Österreich) und VCS (Schweiz) einen politischen Höhenflug. Scharenweise traten neue Mitglieder ein, die die Nase voll hatten von einem System Eisenbahn, das allein im ehemaligen Deutschland sechzehn Milliarden Euro pro Jahr an Steuergeldern verschlang, dabei aber immer mehr Marktanteile verlor. Unter den Neumitgliedern waren viele frustrierte Fahrgäste. Hand in Hand mit einem politischen Stimmungswechsel konnte der VCD nun wirkungsvolle Lösungen für den öffentlichen Verkehr auf der Schiene entwickeln. Vorausgegangen waren dramatische Zuspitzungen. In einer gigantischen Fehleinschätzung des Kundenverhaltens hatte das weitgehend von der *Lufthansa* stammende Management der damaligen *Deutschen Bahn AG* versucht, seine Kunden umzuerziehen und ihnen das Fliegen auf Höhe »0« beizubringen. Mit Prestigeprojekten wie der Neubaustrecke für sage und schreibe zehn Milliarden Euro von Nürnberg über Erfurt nach Leipzig hätte die voll entschuldete *Deutsche Bahn AG* alsbald wieder Ergebnisse eingefahren wie die hoch defizitäre *Deutsche Bundesbahn.* Im Nahverkehr sollte durch Knebelungsverträge der DB mit den Bundesländern und Zweckverbänden der Wettbewerb auf weitere zehn bis fünfzehn Jahre weitgehend ausgeschaltet werden und nur dort zugelassen werden, wo die DB einen Wettbewerbsvorteil besaß. Waren die Länder nicht gefügig, so drohte ihnen die Bahn mit massivem Arbeitsplatzabbau, einem Boykott der ansässigen bahnrelevanten Industrie,

mit dem Aufschub von Prestigeprojekten und der Abkoppelung vom ICE-Verkehr.
Die massive Forderung des VCD nach einer Mobilitätskarte mit fünfzig Prozent Rabatt und der Verzicht auf rabattierte Vorausbuchungen brachten einen ersten Durchbruch. »Wir haben unsere Kunden verstanden«, musste der damalige DB-Chef und Ex-Airbus-Manager kleinlaut zugeben. Doch die Bauernopfer retteten ihm nicht den Stuhl. Den Metrorapid in NRW verhinderte die Haushaltsnot, und die Strategie der exklusiven Verträge mit den Ländern hebelten die Gerichte aus. Viele VCDler konnten hier hinter den Kulissen mitwirken. *Auch* förderte der VCD das öffentliche Bewusstsein, dass harte Schnitte vielleicht den Untergang der *Deutschen Bahn,* nicht aber der Eisenbahn schlechthin beschleunigten. Dank zäher Arbeit konnte schließlich das bayerisch-thüringische Prestigeobjekt verhindert werden. Der VCD konnte auch hier mit seinem Konzept »Bahn 21« nachweisen, dass Millionen von Fahrgästen zwischen Nürnberg, Erfurt, Leipzig, Chemnitz und Dresden viele Stunden pro Jahr einsparen, wenn der Verkehr intelligent vernetzt wird – zu einem Drittel der Kosten. »Bahn 21« gab insgesamt den Anstoß für eine realistische Eisenbahnpolitik.
Als erste Maßnahme wurde die gesamte Infrastrukturpolitik durchforstet. Statt aberwitzig viel Geld für wenige Prestigestrecken auszugeben, galt nun das Planungsmotto »Nicht so schnell wie möglich, sondern so schnell wie nötig«. Jeder Deutsche sollte nach dreißig Minuten in einem hochwertigen Zug sitzen können, statt nach sieben Kilometern auf einer Autobahn im Stau zu stehen. Jede Stunde, jede Richtung, alle Klassen und mit Anschluss an die europäischen Regionen – das war die Aufgabe.
Nach der Realisierung des Planes im Jahre 2015 waren durch Reduzierung von Umsteigezeiten und Umwegen die Reise-

zeiten der Bahnfahrer um ein Viertel gesunken. Das sorgte für einen ungeahnten Boom im Bahnverkehr. Seitdem schnellen die Immobilienpreise in der Nähe von Bahnhöfen in die Höhe, es entstehen entlang der Bahnstrecken und ihrer Knoten attraktive Netzwerke, die die Funktionen Arbeiten, Wohnen und Freizeit intelligent miteinander verknüpfen.

Auch das Tarifwesen ist nun radikal vereinfacht: Zwei Kategorien mit festen Preisen zwischen den Regionen gelten nun statt der Millionen kaum noch verständlicher Relationspreise. Die Mobilitätskarte gewährt generell fünfzig Prozent Rabatt, zu Spitzenzeiten sind besondere Zuschläge erforderlich, die auch im Zug bezahlt werden können. Die Mobilitätskarte gilt in allen Verkehrsverbunden, mit ihr kann man überall bezahlen beziehungsweise einchecken, niemand muss erst mühsam das jeweils örtliche Tarifsystem erkunden. In vielen Städten gilt diese Karte inzwischen auch für Taxen, Leihfahrräder oder Car-Sharing. Parallel dazu wurden die Kundenrechte, die ursprünglich noch aus dem preußischen Landrecht stammten, ausgeweitet. Die Kunden haben nun Anspruch auf Einlösung eines Leistungsversprechens. Bei Verspätungen erfolgt eine zeitnahe Beförderung oder hilfsweise die Erstattung von Taxikosten.

Auf dem früheren Gebiet der *Deutschen Bahn AG* agieren inzwischen fünf größere Verkehrskonzerne und über zwanzig kleinere Eisenbahnunternehmen. Nahezu in allen Bereichen fielen die Preise um zwanzig bis dreißig Prozent, und die Qualität nahm zu.

Durch die Übernahme von Strecken durch so genannte NE-Bahnen bereits in den achtziger und neunziger Jahren des vorigen Jahrhunderts waren gewaltige Rationalisierungspotenziale erschlossen worden. Mit wesentlich weniger Geld konnten deutlich bessere Leistungen erbracht werden. Ermutigt hiervon wurde 2008 auch die letzte große DB-Gesellschaft

DB Netz reformiert. Das Eigentum an den Strecken und Bahnhöfen ging wieder direkt an den Bund beziehungsweise die Länder über. Während Regionalstrecken nun für zehn bis dreißig Jahre ausgeschrieben wurden, wurde das Fernnetz unter Nonprofit-Gesellschaften aufgeteilt. Das Hochgeschwindigkeitsnetz wird seitdem europäisch im Verband der Hochgeschwindigkeitsbetreiber unterhalten und weiterentwickelt. Ähnlich gibt es ein Güterleistungsnetz, verschiedene Ballungsnetze und schließlich auch Mischstrecken. Auf diese Weise bestimmen alle Nutzer gleichermaßen über Ausbaustandard und Entwicklung ihrer Netze und schaffen so die Grundlage für innovativen Verkehr auf der Schiene – und entlasten die öffentlichen Haushalte.
Natürlich gab es den einen oder anderen Rückschlag und sogar eine Pleite, unter dem Strich ist die Bilanz aber positiv, weil es gelungen ist, Eisenbahn fahren letztlich wieder kinderleicht zu machen.

Informationen über den VCD erhalten Sie bei:

VCD – Bundesverband
Eifelstraße 2
53119 Bonn
Internet: www.vcd.org

Geschenkt

Von Hoffnungen und Milchmädchenrechnungen

Es war Sonntag, der 24. November 2002. Zum zweiten Mal jährte sich an diesem Tag die Entdeckung der ersten in Deutschland an BSE erkrankten Kuh. Ich bin morgens in einem Hotel in Bad Hersfeld aufgewacht. Die Nacht war fürchterlich kurz, dank einer schrecklichen Delegiertenversammlung. Bis kurz vor Mitternacht hatten wir heftig über den Haushalt des Umweltverbandes diskutiert, dem ich als Vorstandsmitglied angehöre. Als die Delegierten letztlich zufrieden den Haushalt unter Dach und Fach gebracht hatten, waren wir zum gemütlichen Teil übergegangen. Klar, wir hatten über BSE diskutiert. Mit steigendem Alkoholpegel war den Anwesenden immer klarer geworden, wie viel wahnwitzige Dinge im Bereich des Natur- und Umweltschutzes laufen. Wir hatten viele Geschichten erzählt, viele Erfahrungen ausgetauscht, auch was das Bahnfahren betrifft. Teilweise unglaubliche Geschichten. Um halb drei Uhr morgens waren wir mit der Gewissheit ins Bett gegangen, dass nicht nur bei den Wiederkäuern etwas defekt war.

Und nun stand ich auf, um noch schnell zu frühstücken. Zwar sollte die Delegiertenversammlung offiziell noch bis zum Mittag andauern, doch ich hatte mich bereits verabschiedet. Die wichtigsten Dinge waren erledigt, und so dachte ich mir: »Ab nach Hause, mal wieder ein bisschen Familie genießen.« Die letzten Wochen waren schlimm gewesen, ich war zu viel unterwegs und zu wenig zu Hause. Das DB-Fahrplanprogramm, das ich mir auf meinen Laptop geladen hatte, zeigte mir eine durchaus passable Verbindung: 8.57 Uhr ab Bad Hersfeld, 9.28 Uhr an Fulda, dann den ICE um 9.45 weiter nach Frankfurt/Main. Ankunft dort um 10.36 Uhr, gleich Anschluss an einen ICE nach Bonn um 10.45 Uhr. Schon um 12.37 Uhr könnte ich meine Frau treffen. Wenn, ja wenn sie mich in Bonn am Bahnhof abholen würde. Denn ich wohne ja nicht in Bonn, sondern in Rheinbach bei Bonn. Normalerweise gibt es von Bonn nach Rheinbach ganz gute Verbindungen, allerdings nicht am Sonntag. Wäre es ein normaler Wochentag gewesen, hätte mich die Bahn um 12.43 Uhr nach Rheinbach gebracht, wo ich kurz nach 13.00 Uhr angekommen wäre. Doch Sonntags muss man eine Dreiviertelstunde auf den Anschlusszug warten. Aber meine Frau ist es längst gewohnt, die einundzwanzig Kilometer mit dem Auto von Rheinbach zum Bonner Hauptbahnhof zu fahren, um sich auf der Rückfahrt die guten (und miesen) Erlebnisse ihres Mannes anzuhören.

Der Taxifahrer, der mich in Bad Hersfeld am Hotel abholte, um mich zum Bahnhof zu bringen, war wirklich nett. 55 Jahre alt, bereits seit vierzig Jahren arbeitete er. Der Gesprächsstoff auf der kurzen Fahrt zum Bahnhof war das übliche Geplänkel, was man im Taxi eben so diskutiert: die aktuelle Politik, in diesem Fall die geplanten Kürzungen im Sozialsystem. Es war kein gegenseitiger Gedankenaustausch, sondern ein recht einseitiges Schimpfen des Taxifahrers auf die rot-grüne Bundesregierung.

Wie üblich hatte ich das Taxi etwas früher bestellt, denn ich hasse es, wenn ich am Bahnhof hetzen muss, um einen Zug zu erreichen. Um 8.45 Uhr war ich schon da. »Achtung: eine Durchsage für Gleis zwei. Die Regionalbahn von Kassel nach Fulda, fahrplanmäßige Abfahrt 8.57 Uhr, verspätet sich voraussichtlich um fünf Minuten.« Wie Recht doch die Lautsprecherstimme hatte. Pünktlich fünf Minuten zu spät fuhr der Zug ein. Der alten Dame, die neben mir auf dem Bahnsteig wartete, brauchte ich beim Einsteigen nicht zu helfen. Ihre

Tasche sei nicht so schwer, entgegnete sie auf mein Angebot. »Das geht schon, vielen Dank. Das ist sehr freundlich von Ihnen.« Na ja, dachte ich, eigentlich selbstverständlich, so 'ner älteren Dame zu helfen. »Aber wissen Sie, das Einsteigen ist so schwierig. Seit fünf Jahren versprechen die uns, dass die Bahnsteige erhöht werden. Die Züge sind so hoch, da komme ich nicht mehr so einfach rein. Aber es passiert nichts.« Wie überall. Es wird versprochen, aber nicht gehandelt. Geld soll angeblich ja auch verfügbar sein, doch bei der Umsetzung wird es problematisch. Frankfurt, Mainz, Köln, diese großen Bahnhöfe sind ja mittlerweile zu Shopping-Centern mit Gleisanschluss ausgebaut worden. »Mit dem Zug zu McDonald's« könnte der Slogan lauten. Auf den meisten Bahnhöfen dominiert aber noch der Muff von Jahrzehnten.
Der Zugbegleiterin (so heißen die Schaffner heute) gab ich meine Fahrkarte. »Mit welchem Zug wollen Sie von Fulda weiterfahren?«, fragte die charmante Bahnmitarbeiterin. Sie lächelte dabei sogar. Ich war überrascht. Normalerweise kommt nur die Aufforderung »Ihre BahnCard, bitte«, wobei der Zusatz »bitte« teilweise mehr anerzogen als von Herzen kommend klingt. Hier aber eine freundliche Nachfrage und ... ein wohltuend fröhliches Lächeln. Wenn doch alle Mitarbeiter so wären!
Den ICE um 9.45 wolle ich nehmen, sagte ich ihr und fragte mich zugleich, weshalb sie wohl gefragt hatte. Vermutlich hatte sie schon erkannt, dass ich nur eine normale Fahrkarte besaß und noch keinen ICE-Zuschlag? »Den ICE-Zuschlag löse ich im Zug nach«, sagte ich unaufgefordert. »Das geht doch, wir haben doch noch nicht das neue Tarifsystem.« Ich hatte mir ursprünglich eine spätere Verbindung herausgesucht, ohne ICE-Benutzung. Doch die Gelegenheit, ein paar Stunden früher zu Hause sein zu können, wollte ich mir nicht entgehen lassen.

»Nein«, erwiderte sie, »deshalb frage ich nicht. Wir haben einen Oberleitungsschaden, da gibt es einen Stau vor Fulda. Wir kommen zwanzig Minuten später an. Aber machen Sie sich keine Sorgen. Der ICE, den Sie nehmen wollen, muss auch diese Strecke nehmen. Er ist hinter uns, Sie werden ihn in Fulda auf jeden Fall erreichen.«
Oberleitungsschaden. Ich dachte gleich wieder an BSE.
Die Fahrt nach Fulda ging dann doch schneller als gedacht. Nur fünfzehn statt der avisierten zwanzig Minuten Verspätung. Und den »Oberleitungsschaden« konnte man tatsächlich sehen. Ein Reparaturzug stand auf dem Nebengleis, die Bahnarbeiter waren dabei, den Schaden zu beheben. Wenn es bei BSE doch auch so einfach ginge.
Von Gleis sechs nach Gleis drei kommt man in Fulda recht fix. Ich brauchte nicht zu rennen, denn der ICE, das wusste ich ja, hatte auch Verspätung. »Circa fünf Minuten später«, wurde uns annonciert. Das Rechnen begann: In Frankfurt nur neun Minuten Übergang. Ich wusste aber, dass der ICE in Frankfurt ein so genannter Anschlusszug ist. Der wartet, hatten mir mehrfach schon die Bahnbediensteten in Fulda erklärt. Es war nicht das erste Mal, dass ich einen ICE um »45« ab Fulda nahm, um über Frankfurt nach Bonn zu fahren. Ich fahre diese Strecke oft, denn Fulda ist nach der Fertigstellung der Neubaustrecke Hannover–Würzburg ein beliebter Tagungsort geworden.
Um 9.55 Uhr kam er dann rein, wie man so schön sagt, der verspätete ICE. Also zehn und nicht fünf Minuten später. Und nur neun Minuten Übergang. Also als Erstes die Frage an die weniger kompetente, weniger sympathische und nicht lächelnde Begleiterin im ICE: »Kriegen wir den Anschluss in Frankfurt?« »Vermutlich schon«, war ihre Antwort, die ich irgendwie wenig überzeugend fand, zumal sie höchst unverbindlich vorgetragen wurde.

So richtig entspannend war für mich die Fahrt nach Frankfurt nicht. Hoffentlich klappte alles. Vom Handy aus rief ich meine Frau an. Auf dieser Strecke hat man ab und an das Glück, dass man sich telefonisch verständigen kann. Normalerweise – kennen Sie das auch? – klappt es ja mit dem Handy im Zug nicht sonderlich gut. Die Werbung im Fernsehen will uns ja glaubhaft machen, dass man mit dem Handy immer und überall erreichbar ist. Bloß in fahrenden Zügen will das nicht so recht klappen.
»Du, ich bin schon um 12.37 Uhr in Bonn. Holst du mich ab?«
»Prima! Geht klar, wie immer. Quantiusstraße, Hinterausgang vom Bahnhof.« Da kann man ganz gut kurzparken, und das sogar kostenlos, wenn man im Auto sitzen bleibt. »Schön. Aber ich rufe dich noch mal an, denn ich weiß nicht, ob ich den Anschlusszug in Frankfurt kriege.«
Frankfurt kam näher. Doch irgendwie wollte die Zeit nicht langsamer vergehen beziehungsweise der Zug nicht schneller fahren. Wartete der Anschlusszug wirklich?
»Verehrte Fahrgäste. In circa fünf Minuten erreichen wir Frankfurt-Hauptbahnhof. Dieser Zug endet dort. Der ICE 920 über Mainz, Köln und Dortmund nach Berlin kann leider nicht erreicht werden. Reisende in Richtung Köln und Düsseldorf benutzen den IC 528 um 11.45 Uhr auf Gleis sechs.«
Das »leider« war bei der Tonlage, mit der es ausgesprochen wurde, wohl kaum ernst gemeint. Und das »benutzen« ohne den Zusatz »bitte« kam bei mir eher als Befehl denn als hilfreicher Hinweis an. So ein Mist, dachte ich mir, also doch. Wieder mal eine Stunde verloren. Wieso kann dieser verdammte Anschlusszug nicht fünf Minuten warten? Um 10.50 Uhr waren wir in Frankfurt. Eine Minute vor der Einfahrt dann ein weiterer »Hinweis für Reisende in Richtung Köln«: »Sie können den ICE-Shuttle 1152 nach Köln zuschlagfrei benutzen.«
»Wir erreichen Frankfurt. Ausstieg in Fahrtrichtung rechts«, las

ich noch auf dem Display an der Tür des modernen ICE III. Ich stellte mich an die rechte Tür. So eine leise Hoffnung, dass der Zug nach Bonn vielleicht doch noch wartete, schlummerte in mir. Deshalb: vorn anstellen, schnell raus aus dem Zug und zum anderen Bahnsteig geflitzt.
Mein verspäteter ICE fuhr in Frankfurt ein. Ausstieg war allerdings links, nicht rechts. Also erst einige andere vorlassen. Beim Rausgehen schaute ich nochmals aufs Display: »Wir verabschieden uns von unseren Fahrgästen.« Wie meinen diese Rinderhirne das? Nur für diese Fahrt, oder für immer? Der Zug nach Bonn war natürlich wirklich weg.
Es sind diese Verspätungen, die uns Bahnreisenden unverhofft Freizeit bescheren. Doch kein normal denkender Mensch käme auf die Idee, seine Freizeit an einem Sonntag ausgerechnet im Frankfurter Hauptbahnhof zu verbringen. Was tun? Ärgern, sich umschauen und an das *Bahnhasserbuch* denken.
Der Laptop war auch diesmal dabei. Klar, die Akkus sind schnell leer und Stromanschlüsse im Bahnhof und in den Zügen selten, aber immerhin, eine gewisse Möglichkeit, mir die frisch gewonnene Zeit zu vertreiben, war gegeben. Schreiben, solange die Akkus reichen. Lieber den Frust von der Seele tippen, als sich schwarz ärgern – wer weiß denn schon, was als Nächstes passiert ...
Und dann kam er wieder, jener Gedanke, den alle Bahnerprobten kennen: Gibt es nicht doch noch eine Möglichkeit, irgendwie schneller nach Hause zu kommen? Der »Shuttle«, den die Reisenden nach Köln zuschlagfrei benutzen durften (fünfundvierzig Minuten nach Ankunft »ihres« Zuges), fährt nicht über Bonn, sondern flitzt über die Neubaustrecke Frankfurt–Köln durch den Westerwald. Doch ich wollte ja nicht nach Köln, sondern nach Rheinbach. Dorthin kommt man aber auch über Köln. Es gibt eine Verbindung von Köln nach Euskirchen. Dort muss man entweder nach Rheinbach umstei-

gen oder sich abholen lassen. Für meine Frau hätte das den Vorteil gehabt, etwas weniger weit fahren zu müssen, denn Euskirchen liegt näher an Rheinbach als Bonn.
Und ein gewisser Reiz würde schon darin liegen, den »Shuttle« ohne Zuschlag zu fahren. Ich würde ihn schon gern mal ausprobieren, einfach so, den neuen Zug, der mit dreihundert Stundenkilometern über die frisch eröffnete Neubaustrecke nach Köln donnert. Komfortabel soll er sein, aber auch wesentlich teurer. Über zwölf Euro Zuschlag, das ist happig.
Also ab zum Servicepoint. Dort das übliche Ritual. Die üblichen Fragen meinerseits: Wieso konnte der Zug nicht warten? Was soll ich jetzt machen? Darauf die üblichen Antworten: Das hat die Zugleitung so entschieden. Nach einer kurzen Verhandlungsrunde stand fest: Ich darf den »Shuttle« nach Köln um 11.37 Uhr kostenfrei benutzen. Ankunft Köln: 13.06 Uhr, ab Köln 13.20, an Euskirchen 13.55 Uhr. Eigentlich hätte ich um 12.37 in Bonn sein sollen.
Das waren nun meine beiden Alternativen: entweder mit dem IC, Ankunft um 13.37 Uhr in Bonn, oder mit dem »Shuttle« über Köln, Ankunft um 13.55 Uhr in Euskirchen. Was tun?
Anruf bei meiner Frau. Sohn Mike war dran. »Du kommst schon um 12.37 Uhr, Papa? Ich freu mich schon so! Dann können wir noch was unternehmen.« Mensch, wie ich diesen kleinen Kerl immer vernachlässige. Viel zu wenig zu Hause. Und nun dies.
»Nein, ich habe den Zug verpasst, gib' mir mal die Mama.« Was für ein Quatsch. Natürlich habe nicht ich den Zug verpasst, sondern die Bahn hat mich versetzt. Ich bin doch kein aktiver Zugverpasser, sondern Opfer. Ich habe noch nie aus eigener Schuld einen Zug verpasst, ob man mir das glaubt oder nicht.
»Was machen wir, Andrea? Der Anschlusszug war weg. Ich kann jetzt entweder eine Stunde später um 13.37 in Bonn oder

um 13.55 Uhr in Euskirchen sein.« Wir entschieden uns für Bonn, was mich zwar um eine zuschlagfreie Shuttlefahrt brachte, aber auch einmal weniger umsteigen bedeutete. Und man weiß ja nie ...

Es war jetzt kurz nach 11.00 Uhr. Die Bahn hatte mir also eine Stunde Freizeit spendiert, die ich nutzte, um den Bahnhof zu inspizieren. Allerdings mit Wut im Bauch. Als Erstes hörte ich eine Dame einen Bahnmitarbeiter beschimpfen: »Wieso konnte der Zug nicht warten?« Na also, ich war mit meinem Schicksal am Sonntagmorgen nicht allein. Die Frau ging weg, ihr Kopf war so rot wie die Mütze des Auskunftsbeamten. Ich – mit überraschend viel Zeit ausgestattet – sprach ihn an. »Na, Sie kriegen auch viel zu hören ...«

»Ach hören Sie mir doch auf«, sagte er, nicht abfällig, sondern wirklich nett, fast Mitleid erweckend. »Ich kann's ja auch nicht ändern.« Und dann fügte er achselzuckend hinzu: »Weg ist weg.« Er meinte die Züge. Wie Recht er doch hatte. Ja, weg ist weg: Zug weg, Zeit weg.

Mein Blick fiel auf ein Reklameschild der Bahn: »Frankfurt–Köln in nur eineinviertel Stunden – wir schenken Ihnen eine Stunde«, ließ die Bahn ihre Kunden wissen. Was tun die? Die schenken mir eine Stunde? Quatsch – die haben mir gerade eine Stunde geklaut!

Und war da nicht was mit einem höheren Preis für den »Shuttle«? Kostet das Geschenk nicht etwa zwölf Euro Zuschlag? Und wieso eineinviertel Stunden? Sind es von der Abfahrt in Frankfurt (11.37 Uhr) bis zur Ankunft in Köln (13.06 Uhr) nicht eine Stunde und neunundzwanzig Minuten, also eineinhalb Stunden?

So ist das: Ich hatte gerade Zeit geschenkt bekommen und schrieb an einem Bahnhasserbuch. Also kralle ich mir die nächste Rotmütze. »Sagen Sie mal: Die Bahn schenkt mir die Stunde doch nicht, ich muss doch zwölf Euro dafür bezahlen!«

Die Antwort kam so spontan, dass ich nicht mehr nachfragen konnte: »Das mit dem Geschenk ist nur zeitlich gemeint. Und ich hätte das Ding sowieso nicht aufgestellt.« Wenigstens ehrlich war der Kerl.

Die Logik der Bahn scheint eigenen Gesetzen zu folgen. Am zweiten Jahrestag des ersten deutschen BSE-Falles stand ich in Frankfurt auf dem Hauptbahnhof und fragte mich, wessen Hirn eigentlich zerfressen ist? Das derjenigen, die solche Slogans erfinden? Oder das Hirn derjenigen, die annehmen, ihre Kunden würden den Blödsinn tatsächlich glauben? Oder das der Bahnkunden, die wirklich darauf reinfallen?

Ein Gutes hatte diese Fahrt übrigens: Die erste Rohfassung für dieses Kapitel war bis kurz vor Bonn im Laptop. Ich brauchte die fünf Minuten Verspätung, die der Zug in Bonn hatte, nicht einmal mehr für meinen Tastenwirbel. Im IC 528 fand ich sogar einen Platz mit Steckdose. Die Batterie des Laptops allein hätte es nicht geschafft. Aber das ist nicht das Problem der Bahn, sondern das von Hewlett Packard.

Dampf ablassen

Eine Hilfestellung

Na, steht Ihnen der Ärger wieder mal bis zur Oberkante Unterlippe? Haben Sie es satt, dass Sie sich wieder einmal über die *Deutsche Bahn AG* aufregen mussten? Dann empfehlen wir Ihnen: Machen Sie Ihrem Ärger Luft! Noch haben wir die Hoffnung nicht aufgegeben, dass sich beim Bahn-Management etwas ändert, wenn mehr Menschen ihren Ärger an die obersten Etagen des Unternehmens weiterreichen. Immerhin hat der breite Protest enttäuschter Bahnkunden dazu geführt, dass das seit Dezember 2002 gültige Preissystem nach acht Monaten gekippt werden konnte – Sie können also etwas bewegen. Deshalb haben wir ein Beschwerdeformular entwickelt. Kopieren Sie es, und laden Sie Ihren Ärger dort ab, wo er hingehört: bei der *Deutschen Bahn AG* – übergeben Sie den Brief mit der Bitte um Weiterleitung an das Zugpersonal oder schicken Sie ihn direkt an den Vorstandsvorsitzenden des Unternehmens (Adresse siehe nächste Seite).

Bahnreisende/r

Vorname ________________________________

Name ________________________________

Straße ________________________________

PLZ/ Wohnort ________________________________

Tel. ________________________________

Fax ________________________________

E-Mail ________________________________

Internet ________________________________

Datum ________________________________

Bahnfahrt ________________________________

von ________________________________

nach ________________________________

am ________________________________

Uhrzeit ________________________________

über ________________________________

Zugbegleiter/in ________________________________

Deutsche Bahn AG
Vorstandsvorsitzender
Potsdamer Platz 2
10785 Berlin

Sehr geehrter Herr Vorstandsvorsitzender,
erneut musste ich mich bei einer Bahnfahrt über unzumutbare Zustände aufregen. Als zahlender Reisender bin ich nicht länger gewillt, das untragbare und kundenunfreundliche Missmanagement der Bahn hinzunehmen. Während der oben näher bezeichnenden Bahnfahrt gab es die nachstehend angekreuzten Punkte zu bemängeln:

Der Zug ❑ ICE/ ❑ IC/ ❑ ______________________ (sonstige Züge eintragen)

- traf an der Haltestelle ____________________________ um ______ Minuten/Stunden (Unzutreffendes bitte streichen) zu spät ein
- fuhr an der genannten Haltestelle um _________ Minuten zu spät ab

Der Zug war

- überfüllt

Die Toilette im Wagen _______ war

- defekt
- leicht verschmutzt
- ohne Wasser
- ohne Toilettenpapier
- ohne Handtücher
- ohne Wasser für die Toilettenspülung
- unzumutbar verschmutzt
- Die Toilette stank (wohl aus betriebstechnischen Gründen)
- In den an die Toilette angrenzenden Abteilen hat es gestunken

- Das Zugpersonal war unfreundlich
  Name Zugbegleiter/in ___________________________
- Das Zugpersonal war unverschämt
  Name Zugbegleiter/in ___________________________

Es erfolgte eine/keine ausreichende Durchsage über (Zutreffendes bitte ankreuzen)

- die Verspätung des Zuges
- die Anschlüsse für die Weiterfahrt
- sonstige Mängel

Die Durchsagen waren unverständlich

- wegen schlecht funktionierender Lautsprecher
- wegen undeutlicher Aussprache des Sprechers/der Sprecherin

Ich bitte dringend, durch überzeugendes Qualitäts-Management für Zustände zu sorgen, die ein Kunde üblicherweise erwarten darf!

Hochachtungsvoll

Anmerkung:
Dieses Schreiben kann selbstverständlich auch anonym eingesandt werden; es empfiehlt sich jedoch, den richtigen Absender anzugeben, damit das Anliegen auch ernst genommen wird.

Achtung, Geisterfahrer!

Wenn ein Zug aufs falsche Gleis gerät

Der ICE 16 um 7.13 Uhr ab Köln in die europäische Metropole Brüssel ist mittlerweile so eine Art Lieblingszug von mir geworden; so weit man bei der Bahn überhaupt von Lieblingen sprechen kann. Nur wenige ICEs fahren von Köln nach Brüssel, normalerweise verkehrt hier der Thalys, doch in diesem sitzt man viel enger, er ist weit weniger komfortabel. Der ICE hat im Gegensatz zum Thalys zudem einen Stromanschluss am Platz, was das Arbeiten mit einem Laptop erleichtert.

Wenn eine der fast wöchentlich stattfindenden Sitzungen gegen 10.00 Uhr oder etwas später beginnt, ist dieser Zug eigentlich ideal für mich; Voraussetzung (klar!), dass er pünktlich in Brüssel ist. Laut Fahrplan, der während des Winterfahrplans am Kölner Hauptbahnhof aushing, sollte er um 9.32 Uhr in Brüssel-Midi sein. Doch das war eine glatte Fehlinformation. Denn der schnelle Zug, der mit dreihundert Stundenkilometern von Frankfurt nach Köln düst, darf bis dato die Neubaustrecke zwischen Lüttich und Brüssel nicht befahren. Denn dafür braucht dieser Zug eine besondere Zulassung, und die hat er nicht. Deshalb zuckelt er – ganz im Widerspruch zu den ersten Berechnungen der Fahrplangestalter – in Belgien vergleichsweise langsam über die alten Gleise. Mit dem neuen Fahrplan wurde das korrigiert, will sagen: wurden die Fahrpläne korrigiert und der Ankunftszeitpunkt mit 9.46 Uhr angegeben.

Am 12. Mai 2003 stand wieder eine Fahrt nach Brüssel an. Sitzungsbeginn: 10.30 Uhr im Gebäude des Europäischen Wirtschafts- und Sozialausschusses, direkt am Gare Central

gelegen. Am Vorabend der Fahrt saß ich mit meiner Frau bei einem guten Glas Rotwein auf der Terrasse. Wir kamen auf meine anstehende Fahrt zu sprechen, und meine Frau bot mir an, mich morgens nach Euskirchen, rund fünfzehn Kilometer von Rheinbach entfernt, zu bringen. Meine Frau mutiert mehr und mehr zum innerfamiliären Taxifahrer. Der Aktionsradius unserer Kinder steigt ständig, und nicht alle Wege können von Ihnen zu Fuß oder per Rad zurückgelegt werden. Taxi-Mama bietet sich da an. Und auch mich kurvt sie klaglos mal morgens um halb sechs, mal um Mitternacht zum oder vom Bahnhof. Schon toll.
An diesem frühen Morgen des 12. Mai 2003 hat die Fahrbereitschaft meiner Frau meine Nerven geschont. Zumindest, bis ich in Köln war. Schön pünktlich war der Zug dort, langsam ging ich zum Gleis acht, wo ich auf den Zug nach Brüssel wartete. Fünfzehn Minuten Verspätung wurden angekündigt. Das hätte ich dann auch per Bahn vom Heimatort Rheinbach aus geschafft, ohne meine Frau mitten in der Nacht aus dem Bett zu schmeißen, dachte ich. Aber weiß man das vorher?
Der Zug fuhr kurz vor halb acht ein, und langsam ging es dann los. Schon nach wenigen Metern stoppte er wieder. Erneut eine Anfahrt, und wieder ein Stopp. Wat is dat dann?, fragt sich der Rheinländer in solchen Situationen. Prompt kam die Durchsage: »Aufgrund einer Signalstörung wird unser Zug heute außerplanmäßig nach Köln Süd umgeleitet und fährt dann von dort zurück Richtung Aachen und Brüssel. Wir bitten die Unannehmlichkeit zu entschuldigen.«
Es war 7.55 Uhr, als wir Köln Süd, das nun so gar nicht auf dem Weg nach Brüssel liegt, erreichten. Wir wurden durch den Bahnhof geleitet und auf ein Abstellgleis geschickt. Der Lokführer musste seinen Führerstand ans andere Ende des Zuges verlegen, denn nun ging es in umgekehrter Richtung gen Westen.

Wir waren noch weit vor Aachen, als ein Zugbegleiter durch den Zug kam und an jeden Fahrgast brav die ICE-Verspätungsgutscheine in Höhe von zehn Euro verteilte. Natürlich sprach ich ihn an. Dass dies doch eigentlich alles unglaublich sei, dass er natürlich nichts dafür könne, aber blöd sei es trotzdem für ihn und für uns Fahrgäste, oder?

Der wirklich nette Zugbegleiter meinte, er könne mir nur Recht geben. Und aufholen werde der Zug auch nicht, denn – siehe oben – er dürfe ja nicht mal auf die Neubaustrecke, sondern müsse mit maximal hundertvierzig Stundenkilometern auf den alten Gleisen dahindümpeln. »Die lassen einen Ferrari nicht auf die Autobahn. Das ist ein reines Politikum.« Und leutselig erzählte er mir dann, dass auch die Bahnmitarbeiter häufig nur noch mit dem Kopf schüttelten, und überhaupt, ich würde kaum glauben, weshalb wir die Verspätung hätten.

»Nun«, sagte ich, »ich denke, es ist eine Signalstörung.«

»Ja, so ungefähr. Eine Weiche war falsch gestellt, man hatte uns aufs falsche Gleis geschickt.«

Das wollte ich ihm zwar glauben, aber unbedingt hören wollte ich es nicht. Doch es ist ja fast schon verständlich, dass die Bahn ihre Kunden anlügt. Eine Signalstörung, die man geschickt umfährt: Das zeugt vom Organisationstalent der Bahn. Die machen etwas, damit wir trotz versagender Technik doch noch vorankommen. Doch die Wahrheit ist in diesem Fall schwerer zu ertragen. Wen würde bei dem Gedanken, auf einem falschen Gleis unterwegs zu sein, nicht ein ungutes Gefühl beschleichen? Bislang dachte ich immer, Geisterfahrer gibt es nur auf der Autobahn. Mit genau einer Stunde Verspätung kam mein ICE in Aachen an. Doch dort endete die Fahrt außerplanmäßig. Alle Fahrgäste mussten aussteigen und in den überfüllten Thalys einsteigen, der eine Stunde nach uns in Köln losgefahren war. Ein Erlebnis, das einen zum Bahnhasser werden lässt.

»Was soll der Qualm?«

Lieschen Müller und die Bahn – Teil V

Das ist doch nicht möglich – steht doch da tatsächlich auf vielen Bahnsteigen, dass man nicht rauchen darf. Also nicht dass Sie meinen, ich wollte da rauchen. Nein, nein, ich rauche ja nicht. Aber wenn auf dem Bahnsteig mal einer rauchen würde – also wenn es nicht an einer unterirdischen Haltestelle ist –, dann macht mir das überhaupt nix aus. Schließlich geht auf den Bahnsteigen immer ein Wind – auch wenn der nicht immer frisch ist. Mit dem frischen Wind ist das bei der Bahn ja sowieso so eine Sache. Und ob das nun die normale Bahn ist, also die richtige Eisenbahn, oder die S-Bahn – das ist mir egal. Die könnten mal einen frischen Wind wehen lassen und das Rauchen in den Zügen verbieten. Sogar wenn man im Nichtraucher sitzt, wird man total eingequalmt. Wenn so viele Leute im Zug rauchen, glaubt man sowieso, dass es mehr Raucher als Nichtraucherplätze gibt. Und wenn man mal stehen muss – das schadet mir ja nicht – die jungen Leute stehen heute ja eh nicht mehr auf und machen Platz –, dann wird man auf den Gängen total zugequalmt. Im Zug gibt's halt auch einen Zug und da zieht's dann.

Jetzt habe ich gelesen, dass sie in manchen Gegenden in den Zügen das Rauchen verbieten lassen wollen. Jawohl, hab ich gesagt, das ist richtig so. Und du hast dich auch daran zu halten, habe ich zu Manfred gesagt. Manfred, das ist mein Mann, das wissen Sie ja schon. Mal sehen, wie lang das dauert, bis das Rauchverbot gilt und die bei der Bahn endlich was machen. Sonst können sie ihre dummen Plakate an den Bahnsteigen gleich abreißen. So ein Quatsch! Auf dem Bahnsteig ist das Rauchen verboten, aber im Zug, da ist es erlaubt. Ehrlich: Verstehen Sie das? Also ich verstehe das nicht! Wie ich gehört habe, gibt es jedoch schon Regionalstrecken mit komplettem Rauchverbot. Das macht wenigstens Sinn. Oder was meinen Sie?

Hauptsache voll

Reisegruppen als Lückenfüller

Es war am 7. Mai 2003, als um 3.30 Uhr morgens in einigen Zimmern der kleinen Pension von Eugen und Danuta Sokol im nordpolnischen Dorf Waniewo der Wecker klingelte. Draußen war es noch dunkel, doch der Sprosser, eine verwandte Art der bei uns bekannteren Nachtigall, der erst vor wenigen Tagen aus seinem afrikanischen Winterquartier in den Narew-Nationalpark zurückgekehrt war, trällerte schon seit Stunden in den langsam beginnenden Morgen. Ab und an konnte man auch eine Doppelschnepfe hören. Die beiden Störche, die sich vor Tagen gefunden hatten, um gemeinsam das Nest im Garten der Pension auszubauen und für Nachwuchs zu sorgen, bekundeten ihre gegenseitige Sympathie mit heftigem Geklappere.
Eine kleine Delegation aus dem 1600 Kilometer entfernten Rheinbach musste an diesem Tag so früh aufstehen, um sich für die Rückfahrt bereitzumachen. Sie hatte an einem Naturschutzprojekt der Umweltstiftung EURONATUR teilgenommen. Umweltfreundlich per Bahn sollte es um 7.30 Uhr von Warschau mit dem EuroCity nach Berlin gehen, von wo die Gruppe dann weiter ins Rheinland fahren wollte.
Reisegruppen hat die Bahn seit geraumer Zeit besonders im Visier. Sie werden massiv umworben. Vergünstigungen werden angeboten, um die Bahn im Vergleich zum Bus und anderen Verkehrsmitteln attraktiver zu machen. Sehr früh hatten sich die Rheinbacher um günstige Fahrkarten bemüht; und das war gut so. Denn die Bahn warb zu dieser Zeit mit Vergünstigungen bis zu siebzig Prozent auf den normalen Fahrpreis, doch um in den Genuss solcher Rabatte zu kommen,

muss man extrem früh buchen: Denn pro Zug gibt es – wenn überhaupt – nur begrenzte Kontingente für Gruppen. Von einigen Zügen sind Gruppen gänzlich ausgeschlossen. Diese Erfahrung musste auch die Gruppe machen, die an diesem Spätfrühlingsmorgen per Kleinbus ins hundersiebzig Kilometer entfernte Warschau gebracht wurde.

Überaus pünktlich erreichte die von den Naturschönheiten Polens begeisterte Reisegruppe den Warschauer Bahnhof Wschodnia, also den Ostbahnhof der polnischen Metropole. Dort werden die Züge eingesetzt, die gen Westen fahren, also auch der BWE, der Berlin-Warschau-Express, der fahrplanmäßig in nur sechs Stunden die Bundeshauptstadt erreicht.

Sucht man in den diversen Bahnprogrammen nach einer Verbindung zwischen Warschau und Rheinbach, so wirft der Drucker für eine Abfahrtszeit gegen sieben Uhr morgens ab Warschau eine wunderbare Verbindung aus: 7.16 Uhr ab Warschau, Ankunft in Berlin Ostbahnhof um 13.17 Uhr, Weiterfahrt nach Köln um 13.40 Uhr mit ICE 858, in Köln ein kleiner Hüpfer in den gegenüberstehenden Anschlusszug nach Bonn. Ankunft dort um 18.34 Uhr, dann nach dreizehn Minuten weiter nach Rheinbach.

Nach nur zwölf Stunden kann man zu Hause sein, allerdings nur, wenn alles gut geht und man keine Gruppe ist. Denn die Bahn schließt eine Weiterfahrt ab Berlin sowohl um 13.40 Uhr als auch mit dem nächsten ICE um 14.40 Uhr für Gruppen aus. Erst um 15.40 Uhr wird ihnen eine Weiterfahrt erlaubt. Ankunft in Bonn folglich um 20.34 Uhr, Weiterfahrt dann allerdings erst um 21.17 Uhr, weil am Abend das Angebot eingeschränkt ist. Die Gruppenermäßigung kostet also rund zweieinhalb Stunden Zeit. Eine Tatsache, die keiner in einer Gruppe verstehen will. Auch die Begründung des Zugbegleiters, damit für eine bessere Auslastung der Züge zu sorgen, ist

für die Kunden inakzeptabel: Sind Gruppenreisende nun begehrte Bahnnutzer oder nur Lückenfüller?
Den mehr oder weniger bahnunerfahrenen Rheinbachern sollte aber noch weitere Unbill widerfahren, die es ihnen wohl nahe legt, künftig tatsächlich nur dann die Bahn zu nutzen, wenn es keine anderen Alternativen gibt. Zunächst genossen sie in Polen eine überaus pünktliche und weitgehend angenehme Fahrt, störend nur, dass es auf einer Toilette kein Spülwasser gab, was in einem voll besetzten Waggon schon sehr bald überaus unansehnliche Zustände auf der verbliebenen funktionsfähigen Toilette nach sich zog. Bis zur deutschen Grenzen ging ansonsten aber alles glatt. Dann die erste Baustelle bei Frankfurt/Oder. Stillstand. Informationen: Fehlanzeige. Dann die Meldung, dass aufgrund der eingehandelten Verspätung der Zug nicht wie vorgesehen über den Berliner Ostbahnhof zum Bahnhof Zoo fahren wird, sondern bereits in Berlin-Lichtenberg enden wird. Das hieß: die schweren Koffer einmal zusätzlich über die Bahnsteige schleppen und sie in eine überfüllte S-Bahn hieven.
Eigentlich sollte man um 13.17 Uhr am Ostbahnhof sein, fast zehn Stunden nach dem Aufstehen. Da ist es bitter, wenn die Bahn einem zu einem weiteren S-Bahn-Vergnügen verhilft und zudem zeigt, dass man nur Lückenfüller ist. Nach Hause will man, nicht mit schweren Koffern zweieinhalb Stunden in Berlin rumhocken.
Der eigentlich nur zum Zeitvertreib eingeplante Spaziergang zu Reichstag, Kanzleramt und Brandenburger Tor wurde aufgrund der Verspätung abgesagt. So war nunmehr Rumlungern im Berliner Ostbahnhof angesagt, zunächst aber wollten alle zur Toilette. Die muss man gesehen haben! Fünfzig Cent sind zu zahlen, um dann in wirklich voll gepissten Toiletten das verrichten zu dürfen, was man Notdurft nennt. Die Gruppenmitglieder haben diese Zustände durchaus einmütig

kommentiert. Von »unverschämt« bis »Abzocke« reichten die Urteile. Aber zumindest hatten sie ein neues Gesprächsthema. Ein weiteres kam schnell hinzu: die Verspätungen. Der ICE um 13.40 Uhr, den sie gern genommen hätten, war um 15.00 Uhr immer noch nicht abgefahren. Der Nächste, der 14.40-Uhr-Zug, wurde um 15.00 Uhr mit dreißig Minuten Verspätung ausgewiesen. Na ja, dachte man sich, mal sehen, wie es bei uns sein wird. Doch fast zum Erstaunen aller zeigte die Anzeigetafel eine pünktliche Abfahrt an.

15.30 Uhr, Berliner Ostbahnhof, Gleis sieben. Der ICE nach Kiel fuhr ab und machte Platz für »unseren« ICE 846/856 nach Köln. Ein Doppelzug, der in Hamm getrennt wird und dessen vorderer Teil (der ICE 846) über das Ruhrgebiet und dessen hinterer Teil (der ICE 856) über Wuppertal nach Köln geführt wird. Die Gruppe hatte am Wagenstandanzeiger ausfindig gemacht, dass ihr Waggon 31 im ICE 856 im Gleisabschnitt E halten wird. Quasi bei Einfahrt des Zuges erfuhren die wartenden Reisegäste dann aus einem Lautsprecher, dass genau ihr Zugteil, nämlich der ICE 856 »aus betrieblichen Gründen heute leider ausfällt«. Nun ja, wenigstens keine Verspätung! Das hieß: Die dreizehn reservierten Sitzplätze standen nicht zur Verfügung.

»Reisende benutzen bitte den vorderen Zugteil«, empfahl die Ansage, wohl wissend, dass es bei diesem Zug nun keinen vorderen und keinen hinteren, sondern nur einen, quasi einen halben Zugteil geben wird. Und den sollten sich dann alle Reisenden irgendwie teilen.

Unsere Reisegruppe hatte noch Glück im Unglück. Weil der Zug erst im Ostbahnhof eingesetzt wurde, fanden noch alle – trotz hoher Reservierungsquote – einen Platz. Andere Reisende hatten Pech: Sowohl zwischen Berlin Zoologischer Garten und Hannover als auch zwischen Hannover und Bielefeld standen Fahrgäste auf den Gängen.

Einige weitere Kleinigkeiten sind von dieser Bahnreise noch zu berichten: Der ICE 846 fuhr – wie geplant – über Hamm nach Dortmund. Dort wurde dann aus ihm, warum auch immer, plötzlich der ICE 856, der dann über Hagen und Wuppertal nach Köln fuhr. Der »Umweg« über Dortmund kostete aber Zeit. Mit der fahrplanmäßigen Ankunft um 20.14 Uhr in Köln und mit der Weiterfahrt um 20.17 wurde es nichts. Gegen 20.20 Uhr kam der ICE schließlich an. Gott sei Dank war der IC von Emden nach Koblenz, der die Gruppe weiterbefördern sollte, auch noch nicht da. Auf die Bahn ist eben Verlass! Als die Gruppe irgendwann in diesen Zug eingestiegen war, wollte er sich nicht in Bewegung setzen. Die Begründung klang durchaus plausibel: »Wir warten noch auf unseren Lokführer.« Um 21.45 Uhr, nach mehr als siebzehn Stunden Fahrt mit langer Zwangspause, kaputten und dreckigen Toiletten, Zugausfall und fehlendem Lokführer kam die Gruppe letztlich zu Hause an. Treue Kunden hat die Bahn an diesem Tag sicher nicht gewonnen.

Was halten Sie von der Bahn?

Stimmen enttäuschter Bahnkunden und anderer Menschen

Richard R. aus Stuttgart:
Man schafft es nicht, seine Tickets online zu bestellen, ohne dass fünfmal das Netz abstürzt. Daraufhin bekommt man zwei BahnCards, die eine habe ich zurückgeschickt. Dann habe ich acht Wochen auf die Rückerstattung der zweiten Abbuchung gewartet; daraufhin habe ich die Lastschrift zurückgehen lassen. Dann bekam ich eine Mahnung, die Sie gerne abdrucken können. Die Antwort darauf werde ich in den nächsten Tagen formulieren.

Sabine Kaack, Schauspielerin:
Ich habe kürzlich miserabel gegessen. Es war in Ulm. Oder Geislingen. Oder in Stuttgart. Jedenfalls war's im Speisewagen der Eisenbahn. (Quelle Internet)

Verbraucherzentrale Nordrhein-Westfalen:
Wer Lust auf Horror hat, aber gerade kein Geld für die Geisterbahn, sollte im Bahnhof von Herford in der Herrentoilette vorbeischauen.

(nach einem Test des Zustandes von Bahnhofstoiletten; Quelle: Kölner Express)

Hartmut Mehdorn, seit 1999 Vorstandsvorsitzender der Deutschen Bahn AG:
Zugfahrten über vier Stunden sind eine Tortur.

(Quelle Internet)

John Ruskin (1819–1900), englischer Schriftsteller, Kunstkritiker und Sozialphilosoph:
Eine Fahrt mit der Eisenbahn kann ich beim besten Willen nicht als Reise bezeichnen. Man wird ja lediglich von einem Ort zum anderen befördert und unterscheidet sich damit nur sehr wenig von einem Paket. (Quelle Internet)

Jochen I. aus Pleidelsheim:
Ich bin begeisterter Bahnfahrer. Doch das Abenteuer fängt schon mit diesem »echt preiswürdigen Buchungssystem« an, bei dem man sich nach der abgeschlossenen Buchung eigentlich schon wie nach einer langen Reise fühlt. Aber ich möchte hier nicht auf Einzelheiten eingehen. Man fühlt sich jedenfalls in die Steinzeit zurückversetzt. Im ganzen Internet gibt es nichts Komplizierteres und nichts, was schlechter funktioniert, als das Bahnbucher-System. Aber bevor man die Buchung abschließt, sollte man noch bedenken, dass man mindestens einen Zug früher bucht, weil es bei der Bahn fast nicht möglich ist, pünktlich anzukommen. Es gelingt nur, wenn kein Umsteigen nötig ist. Mit Umsteigen ist eine Verspätung immer drin. Ich habe es eigentlich noch nie erlebt, dass ich pünktlich angekommen bin, wenn ich umsteigen musste.
Und dann der Service in den Zügen! Der ist wirklich perfekt! Da wird man für alles entschädigt! Die Auswahl an Getränken und Speisen in den neuen Bordbistros ist feudal. Man kann richtig schlemmen. Und für das Wenige und Dürftige zahlt man einen Preis, für den man anderswo von goldenen Tellern isst.
Ich bin zum Glück noch im Besitz der alten BahnCard, und wenn die nicht mehr gültig ist, werde ich nur noch mit dem Flugzeug reisen. Weil mir die Bahn dann schlicht und ergreifend zu teuer ist.
»Wie hat der heutige Tag bei der Bahn begonnen?«, fragen wir

Jochen I., der die Ironie in seiner Stimme nicht mehr unterdrücken kann.

Oh, gigantisch. Der Tag hat in Ludwigsburg begonnen mit einer Verspätung des Regional-Express. Ich hätte dann gerade noch meinen ICE nach Düsseldorf erreichen können, aber glücklicherweise hatte der achtzig Minuten Verspätung. Damit war die Verspätung des Regional-Express auch gar nicht mehr so schlimm. Am Schalter hat man mir eine Zugverbindung empfohlen, mit der ich dann nach Düsseldorf viereinhalb Stunden gebraucht hätte. Auf eigenes Recherchieren hin werde ich es jetzt doch in dreieinhalb Stunden schaffen. Da sieht man, wie »top ausgebildet« die Fachkräfte bei der Bahn sind. Die kennen sich »super« mit ihren Fahrplänen aus.

Was wir schon immer vom Bahnchef wissen wollten

Zwanzig Fragen an Hartmut Mehdorn

Natürlich, so haben wir uns gesagt, wollen wir auch Dr. Hartmut Mehdorn bitten, in irgendeiner Weise an unserem Büchlein über die Bahn teilzuhaben. Immerhin ist er Vorstandsvorsitzender der Deutschen Bahn AG und damit letztlich verantwortlich für alles, was mit und wegen der Bahn in Deutschland passiert. Was also lag näher, als ein kurzes Interview mit ihm zu führen. Denn geschrieben über ihn wurde ja schon viel. Wir hingegen wollten persönlich mit ihm sprechen. Ihn all die Dinge fragen, die uns als treue Bahnkunden schon ebenso lange auf den Nägeln brennen wie unseren Leserinnen und Lesern. Um die große Politik sollte es dabei gar nicht gehen. Vielmehr wollten wir die Dinge hinterfragen, die uns Bahnnutzern das Leben tagtäglich so unnötig schwer machen.

Am 13. Mai 2003 schrieben wir Herrn Dr. Mehdorn einen Brief. An ihn persönlich adressiert. Im Sinne der Ausgewogenheit baten wir ihn um ein Gespräch. Denn es sollten ja nicht nur Kritiker in diesem Buch zu Wort kommen. Dass die Antwort von der Deutschen Bahn auf sich warten lassen würde, war uns klar. Warum sollte Herr Dr. Mehdorn zügiger sein als seine Züge, dachten wir uns. Und so gingen die Wochen ins Land, die Bahn produzierte weiter Schlagzeilen und noch mehr Verspätungen, ihre Bilanzpressekonferenz verhieß nichts Gutes und Dr. Mehdorns Vertrag wurde verlängert. Doch in unserer Sache ging nichts voran.

Genau vier Wochen später, am 11. Juni, schrieben wir Herrn Dr. Mehdorn deshalb einen zweiten Brief. Freundlich wiesen wir auf unsere erste Anfrage hin und baten erneut um ein Gespräch. Und siehe da – nur ein paar Tage später meldete sich eine freundliche Dame von der Pressestelle. Jetzt war die Bahn am Zug.

Wer wir denn wären, was genau wir wollten, in welchem Verlag und in welcher Auflage das Buch erscheinen und wie viel Redezeit Herrn Dr. Mehdorn zugestanden würde – all das beantworteten wir gern, schließlich ging es um ein Interview mit dem obersten Bahner.

Doch unsere Auskünfte nährten wohl eher ihre Zweifel. Kurzum, versprechen könne sie nichts, und bis zum angegebenen spätesten Termin Mitte Juli allemal nicht. Aber wir sollten ihr unsere Fragen trotzdem mal schicken – dann werde man sehen ...

Gesagt, getan: Die Fragen gingen per E-Mail an die Bahnzentrale in Berlin, und der Rückruf kam. Nein, ein persönliches Gespräch mit Herrn Dr. Mehdorn sei beim besten Willen nicht möglich, bei dessen vollem Terminkalender. Wie gut nur, dass Herr Dr. Mehdorn selten Zug fährt, dachten wir uns, dann verliert er wenigstens nicht noch unnötig Zeit durch Verspätungen, so wie Abertausende seiner Kunden jeden Tag. Nur, unser Gespräch hatten wir damit noch nicht. Im Gegenzug bot die Bahn an, die Fragen schriftlich zu beantworten. Für uns kein Problem – Hauptsache, es kommt überhaupt etwas. Das würde dann zwar nicht Herr Dr. Mehdorn persönlich erledigen, sondern irgendein zuständiger Bahnmitarbeiter mit mehr oder weniger Zugerfahrung, aber immerhin bekämen wir Antworten auf unsere Fragen.

Also: einverstanden. Allerdings überdachten wir unsere Fragen daraufhin noch einmal, denn Nachfragen, wie im persönlichen Gespräch möglich, blieben uns so ja verwehrt. Kurz darauf gingen dann zwanzig Fragen per E-Mail an Herrn Dr. Hartmut Mehdorn. Nach einigen Tagen meldete sich die

Dame von der Bahn am 2. Juli erneut – mit einer ganz unerwarteten Nachricht.
»Also«, erklärte uns die immer noch freundliche Dame, »Herr Dr. Mehdorn kann Ihre Fragen beim besten Willen nicht beantworten. Auch nicht schriftlich. Die Zeit! Herr Dr. Mehdorn hat einfach nicht die Zeit, sich darum zu kümmern. Und wenn, dann kann es Oktober oder November werden.« Tja – das war sie, die Antwort auf unsere schriftliche Anfrage.
Und wenn Sie jetzt der Ansicht sind, das sei ja genauso wie im täglichen Zugverkehr oder bei der Beschwerdestelle der Bahn – dann haben Sie Recht, genauso ist es!
Wir wollen Ihnen die Fragen natürlich nicht vorenthalten. Deshalb präsentieren wir sie – leider ohne die Antworten von Herrn Mehdorn – hier auch. Für die Antworten haben wir Platz gelassen. Zum einen kann sich jeder seinen eigenen Reim darauf machen und seine persönliche Antwort eintragen. Zum anderen wollen wir Herrn Mehdorn Gelegenheit geben, doch noch zu antworten. Vielleicht hat er ja irgendwann mal Zeit. Er braucht das Ganze nur auszufüllen und an uns zurückzuschicken.
Und das ist es, was wir Herrn Dr. Hartmut Mehdorn fragen wollten:

1. Wann haben Sie das letzte Mal eine längere Bahnreise gemacht?

2. Wie lange hat sie gedauert und von wo nach wo ging sie?

3. War der Zug pünktlich?

4. Wie oft fahren Sie im Jahr mit der Bahn?

5. Wie oft und ab welcher Distanz nutzen Sie das Flugzeug?

6. Schauen Sie sich auch schon mal in der zweiten Klasse um?

7. Seit dem 15. Dezember, dem Stichtag der Preis- und Streckenreform, ist uns aufgefallen, dass die Pünktlichkeit auf manchen Strecken geradezu eingebrochen ist. Ein Beispiel ist die Strecke Köln-Mainz. Aus eigener Erfahrung wissen wir, dass von den rund fünfundzwanzig Zügen, die wir pro Woche nutzen, gut achtzig Prozent verspätet sind. Um mindestens fünf Minuten. Meist ist es mehr, bis über eine Stunde. Wie erklären Sie sich das?

8. Warum funktioniert die Verständigung zwischen Zug- und Bahnhofspersonal oft so schlecht? So werden im Bahnhof erst fünf, dann zehn, dann fünfzehn und dann zwanzig Minuten Verspätung gemeldet, Salami-Taktik also, tatsächlich sind es dann oft dreißig Minuten und

mehr. Und das selbst auf einer kurzen Strecke wie von Köln nach Bonn mit einer Fahrzeit des IC/EC von zwanzig Minuten.

Anderes Beispiel: Laut Ansage im Bahnhof befinden sich Wagen der zweiten Klasse oder der Fahrradwagen an der Spitze des Zuges. Tatsächlich sind sie aber am Ende des Zuges zu finden. Für die erste Klasse gilt das Gleiche umgekehrt. Verlängerte Umsteigezeiten und Verspätungen sind somit vorprogrammiert.

9. Wie gedenken Sie den Service bei Verspätungen zu verbessern? Zum Beispiel wenn ICs oder ECs verspätet sind und die Kunden an den Infoschaltern Schlange stehen, um sich die Verspätung bescheinigen zu lassen. Denn nur dann behalten ja viele vorgebuchte Fahrscheine ihre Gültigkeit, und den Kunden bleiben die Umbuchungsgebühren erspart.

10. Uns fällt auf, dass in letzter Zeit Verspätungen oft mit technischen Problemen, zum Beispiel bei den Lokomotiven, erklärt werden. Auch ist offensichtlich, dass die Probleme mit den Klimaanlagen der Waggons, insbesondere in den Triebköpfen, zunehmen.
    Wie erklären Sie sich die Zunahme technischer Mängel? Und wie gedenken Sie diese in den Griff zu bekommen?

11. Wann gibt es wieder ausreichend Platz für Gepäck in den Zügen? Nicht selten wird der Gang zur Toilette oder zum Speisewagen zum Hürdenlauf, wenn Koffer, Taschen, Kinderwagen und anderes Gepäck die Gänge blockieren.

12. Warum wurde auf manchen Strecken die Minibar abgeschafft? Gerade für ältere Reisende ist der Weg in den Speisewagen durch Waggons und über Waggon-Brücken oft äußerst beschwerlich.

13. Was haben Sie gegen den Fahrgastverband *Pro Bahn?* Wäre *Pro Bahn* nicht ein guter Verbündeter?

14. Laut verkehrspolitischem Sprecher der Grünen, Alfred Schmidt, fährt die Bahn pro Monat sechzig Millionen Euro Verlust ein. Wie soll die Bahn da börsenreif werden?

15. Warum glauben Sie, ist das Image der Bahn während Ihrer Amtszeit in der Bevölkerung so schlecht geworden? Die Deutschen sind doch eigentlich eher ein Volk von Eisenbahnfreunden. (vgl. Untersuchung der *Financial Times Deutschland)*

16. Die Kunden sind unzufrieden, laufen mehr und mehr weg, *Stiftung Warentest* attestiert Ihnen nichts Gutes, der Fahrgastverband *Pro Bahn* kritisiert Sie ebenso wie die Verbraucherschutzministerin und der VCD. Das kann doch keine Verschwörung von Bahngegnern sein? Wie erklären Sie sich die breite Front von Bahnkritikern?

17. Mit Ihrer Äußerung über die Unzumutbarkeit längerer Zugreisen haben Sie vor allem Ihren Zugbegleitern einen Bärendienst erwiesen, die sich ohnehin schon im täglichen Dienst heftigen Anfeindungen ausgesetzt sehen. Aus eigener Erfahrung wissen wir, wie demotiviert, und verständlicherweise unfreundlich, Zugbegleiter oftmals sind. Wie gedenken Sie diesen Missstand zu verbessern?

18. Warum stört Sie die Konkurrenz der so genannten Billigflieger, wenn Sie längere Zugreisen ohnehin für unzumutbar halten?

19. Warum gibt es keine fest reservierten Plätze für Pendler im Fernverkehr? Gerade Pendler im Fernverkehr nutzen in der Regel immer dic gleichen Züge. Wäre es da nicht kundenfreundlich, für diese Pendler ein kleines Kontingent an reservierten Plätzen bereit zu halten?

20. Wir stellen uns oft die Frage, wie man im Falle eines Unfalls den Zug über die Fenster verlassen kann. Früher gab es einen Nothammer – Bahnen im Ausland haben noch heute Notausstiege. Warum nicht auch die Züge der *Deutschen Bahn AG?*

Nix deutsche Sprach

Ein alltägliches Erlebnis mit öffentlichen Verkehrsmitteln

Es ist unglaublich, was die Leute mitmachen. Denn immer wenn jemand davon erfuhr, dass wir gerade an diesem Buch schreiben, bekamen wir neue Geschichten erzählt oder zugeschickt, so viele, dass wir gar nicht auf alle eingehen können.

Erstaunlich war, dass sich die Enttäuschung nicht nur auf alles bezog, was da Bahn heißt, sondern auch auf andere Bereiche des öffentlichen Personennahverkehrs. So hat uns Kurt W. aus Stuttgart einen Vorfall übermittelt, bei dem es um den Bus geht. Kurt W. aus Stuttgart fährt eigentlich gern mit öffentlichen Nahverkehrsmitteln. Doch es ist gar nicht so einfach, umweltfreundlich unterwegs zu sein – und manchmal fühlt man sich an eine Stand-up-Comedy aus dem Fernsehen erinnert:

> Ich wollte mit dem Bus von Stuttgart-Stammheim nach Ludwigsburg, Forum am Schlosspark, fahren. Laut *efa* kein Problem: Fahrzeit vierunddreißig Minuten, zweimal umsteigen; unter anderem in Ludwigsburg am ZOB in die Buslinie 533 um 10.01 Uhr.
>
> Das Problem: Eine Abfahrtsstelle für die Linie 533 kann ich an den sechzehn Terminals nicht finden.
>
> Ich frage den Fahrer der Buslinie 427: »Wissen Sie, welche Linie zum Forum am Schlosspark fährt?« Schweigen. Nachdem ich meine Frage wiederholt habe, stelle ich fest, dass der Mann mich nicht etwa nicht verstehen will, sondern er mich schlicht nicht verstehen kann, weil er der deutschen Sprache nicht mächtig ist. Also ver-

suche ich es nochmals, ganz langsam: »Ich will zum ...« Antwort: »Tut mir Leid ...« Neuer Versuch: »Kennen Sie das Forum am Schlosspark?« Antwort: »Nein.« Da ich weiß, dass die Haltestelle Arbeitsamt ganz in der Nähe liegt, hake ich nach: »Und das Arbeitsamt?« Jetzt geht ein Strahlen über sein Gesicht: »Arbeitsamt! Arbeitsamt nix Ludwigsburg – Arbeitsamt Stuttgart.« Ich gebe auf und steuere auf eine Gruppe von drei Busfahrern zu, die an der gegenüberliegenden Haltestelle warten. Leider spricht keiner von ihnen deutsch. Und das Wort »Forum« haben sie selbstverständlich noch nie gehört. Haltestelle Arbeitsamt ist ihnen unbekannt. Also wieder nichts!

Aber vielleicht klappts doch noch, überraschend taucht ein Bus der Linie 533 auf. Nachdem der Fahrer alle Deutschkenntnisse zusammengerafft hat, bin ich um die Erfahrung reicher, dass er hier nur auf seine nächste Fahrt nach Aldingen wartet. Welche Linie zum Forum beziehungsweise zur Haltestelle Arbeitsamt fährt, weiß er natürlich nicht. Warum auch, ich bin ja nur Kunde und Steuerzahler, der über Subventionen das ganze System finanziert – warum maße ich mir eigentlich an, Service zu erwarten? Die Lösung: Ich nehme ein Taxi.

Nachtrag:
Linie 427 wäre die Richtige gewesen.
Und ein Vorschlag: Vielleicht sollte im ÖPNV auch mit deutschen Fahrgästen gerechnet werden, und die verantwortlichen Behörden sollten verlangen, dass nur Personal eingesetzt werden darf, das Deutsch spricht und die wichtigsten Punkte in der Stadt kennt. Aber wahrscheinlich ist auch das wieder zu viel verlangt ...

Zu guter Letzt: Odyssee 2002

Eine Abenteuerreise von München nach Den Haag

Am zweiten Weihnachtsfeiertag des Jahres 2002 standen in Norddeutschland bei der Bahn die Räder wieder mal still. Eisregen! Nichts ging mehr. Die Oberleitungen waren vereist, Züge blieben auf offener Strecke stehen, Fahrgäste strandeten im Nirgendwo. Chaos war angesagt – allerdings, und das muss gesagt werden, traf Herrn Mehdorn und sein Unternehmen keine Schuld. Für Wetterkapriolen sind sie nun wirklich nicht zuständig.
Aber nicht nur in Norddeutschland kamen Tausende von Reisenden zu spät nach Hause. Auch im Süden Deutschlands geschahen an diesem Tag Dinge, die das Image der Bahn in Zweifel ziehen. Von einem solchen Fall erzählt der folgende Brief, den eine betroffene Bahnkundin an den Bahnkundenservice geschickt hat, nachdem alles ausgestanden war.

Dr. Ingeborg Niestroy
...

Deutsche Bahn AG
Kundenservice

Den Haag, 31.12.2002

Sehr geehrte Damen und Herren,
angesichts einer fatalen Reise mit der Bahn reiche Ihnen hiermit die Taxi-Rechnung für die Fahrt von Utrecht nach Den Haag mit der Bitte um Rückerstattung ein.

Hintergründe:

Am 26.12.02 fuhren ich und mein Verlobter von München nach Den Haag. Unsere reservierte Verbindung war:

15.32 Uhr ab München
19.05 Uhr an FFM Flughafen

19.15 Uhr ab FFM Flughafen
22.21 Uhr an Utrecht

22.33 Uhr ab Utrecht
23.15 Uhr an Den Haag

Stattdessen geschah Folgendes:

1) Unser ICE 514 hatte ein Triebwagenproblem, dessen Behebung rund zwanzig Minuten dauerte.
2) Diese Verspätung wurde bis Stuttgart, wie sonst durchaus üblich, *nicht* aufgeholt.
3) In Stuttgart kam es zu weiteren Verzögerungen aus mir nicht bekannten Gründen. Die Verspätung betrug dann fünfunddreißig Minuten.
4) Ich bat eindringlich zum dritten Mal unseren Zugbegleiter, ein gewisser Herr Andres, uns über unseren Anschlusszug in FFM Flughafen zu informieren, beziehungsweise eine alternative Reisemöglichkeit anzubieten. Das konnte Herr Andres nicht und verwies uns an die Kollegen, die ihn in Mannheim ablösten (von Mannheim nach FFM Flughafen sind es dreißig Minuten).
5) Nachdem nach fünfzehn Minuten kein Zugbegleiter aufgetaucht war, und wir noch immer nicht wussten, wie wir weiterreisen sollten, sah ich mich gezwungen, mit dem Handy (auf meine Kosten selbstverständlich) den DB

Reiseservice anzurufen. Nach dessen Auskunft gab es eine Verbindung:
20.15 Uhr ab FFM Flughafen
21.35 Uhr an Düsseldorf
21.48 Uhr ab Düsseldorf
22.57 Uhr an Venlo
23.04 Uhr ab Venlo
00.51 Uhr an Rotterdam
00.59 Uhr ab Rotterdam
01.18 an Den Haag

6) Mit dieser Lösung gaben wir uns trotz der zweistündigen Verspätung zufrieden. Ich begab mich dann zum Zugchef, um zu hören, ob der ICE 120 (der Anschlusszug in FFM Flughafen) vielleicht wartete. Der Herr (Name unbekannt) verneinte.
7) Der Zugchef empfahl dann mir persönlich, bis Düsseldorf in diesem Zug (ICE 514) zu bleiben, was mir sofort einleuchtete.
8) Kurz darauf erklärte der Zugchef über Lautsprecher, dass alle Reisenden Richtung Amsterdam in *Duisburg* aussteigen sollten, wo ein Sammeltaxi warte (die Amsterdam-Reisenden hatten die Alternativvariante via Venlo nicht).
9) Köln, immer noch fünfunddreißig Minuten Verspätung. Was soll's. Von dort neunundzwanzig Minuten nach Düsseldorf, wo wir um 21.00 Uhr eintreffen würden und annahmen, um 21.48 Uhr die Reise via Venlo/Rotterdam frohgemut fortsetzen zu können.
10) Um etwa 20.55 Uhr, das heißt mindestens fünfzehn Minuten nach Abfahrt in Köln, kommt die Durchsage, dass unser ICE 514 aufgrund eines Fehlers der Kölner Leitzentrale *gerade Richtung Frankfurt zurückfährt.* In Siegburg kommen wir grandios um 21.05 Uhr zum Stehen. Dort

waren wir über eine Stunde vorher schon mal. Wir fuhren dann zurück nach Köln.

11) Angesichts dieses Zwischenfalls ist klar, dass wir unseren (letztmöglichen) Anschlusszug in Düsseldorf nicht erreichen würden. (Dort kamen wir letztlich dreizehn Minuten zu spät an.)

12) Ich bat also erneut den Herrn Zugchef um Rat. Der sagte, gerade von einem Telefonat mit der Zentrale zurückkehrend, unter Zeugen: »Alle Reisenden nach den Niederlanden sollen, laut Zentrale, in Duisburg aussteigen. Dort wartet ein Sammeltaxi nach Amsterdam.« Ich fragte, was denn mit den Reisenden nach Venlo und Den Haag sei, und erhielt die Antwort: »Auch die fahren mit dem Taxi.« Bevor ich mich an meinen Platz zurückbegab, wies ich eine Zugbegleiterin noch darauf hin, dass für die Venloer Reisenden eine Taxifahrt von Düsseldorf wohl günstiger sei; sie winkte aber ab und meinte: »Wenn die Bahn das so zahlt ...« Ich dachte, dass das in der Tat womöglich die Organisationskapazität übersteigen würde. Angesichts dieser zweifachen Zusicherung kam ich nicht auf die Idee, einen Taxigutschein zu fordern – ein fataler Fehler, wie sich später herausstellte.

13) In Erwartung eines (Sammel-)Taxis stiegen wir also in Duisburg aus. Mit eineinhalb Stunden Verspätung, um 22.15 Uhr. Der Mitarbeiter am Service-Point teilte uns zu unserer Überraschung mit, dass wir:
- mit einer Regionalbahn um 22.44 Uhr nach Emmerich zu fahren hätten,
- uns von dort ein Sammeltaxi nach Arnhem und Utrecht bringen würde,
- dass die Den Haag-, Leiden- und Amsterdam-Reisenden von Utrecht mit dem Zug weiterfahren könnten/sollten.

14) Irgendwo war also Lug und Trug im Spiel. Aber wir dachten, es ist verständlich, dass sie die Möglichkeiten der Bahn nutzen wollen. Als uns dann aber die Details klar wurden, fanden wir den Vorschlag unzumutbar: Von Utrecht fuhr ein Zug um 1.04 Uhr, der um 2.30 Uhr in Den Haag ankommen sollte (die fast eineinhalb Stunden – statt fünfundvierzig Minuten – kommen zustande, weil der Zug nachts einen Rundkurs fährt).

15) Insgesamt drei Stunden und fünfzehn Minuten Verspätung, und vor allem zu dieser Uhrzeit und angesichts des Umstandes, am nächsten Tag arbeiten zu müssen, sind nicht akzeptabel. Wir sagten daher, dass wir eine Hotelübernachtung in Duisburg vorzögen, um am nächsten Tag ausgeruht weiterreisen zu können. Mir ist bekannt, dass es allgemeine Politik der Bahn ist, eine Hotelübernachtung zu bezahlen, wenn Reisende nicht am selben Tag zum Zielort transportiert werden können. Zu unserer großen Überraschung sagte der Mensch am anderen Ende der Telefonleitung, mit dem wir selbst aber nicht sprechen durften, dass wir gern ins Hotel könnten, aber in Vorleistung treten müssten und den Beleg dann bei der Bahn einreichen dürften – mit zweifelhaftem Ausgang, wie er betonte. Ob er damit behaupten wolle, dass 2.30 Uhr noch »derselbe Tag« sei? Kalendarisch sicher nicht, gefühlsmäßig auch nicht, und wenn man spätestens um 11.00 Uhr am anderen Vormittag arbeiten muss, auch nicht.

16) Mittlerweile war es 22.41 Uhr und die Regionalbahn nach Emmerich – die nach wie vor aussichtsreichste Variante, überhaupt noch die Heimat zu erreichen – drohte ohne uns abzufahren. Wir entschieden uns also für die unbequeme Lösung und rannten uns die Lunge aus dem Leib.

17) Es stellte sich dann heraus, dass die Regionalbahn bis Emmerich knapp eine Stunde benötigt, wir also gegen 23.45 Uhr in Emmerich ankommen würden – eigentlich sollten wir um diese Zeit schon seit einer halben Stunde in Den Haag sein!
18) In Emmerich wartete tatsächlich ein Taxifahrer, und der erklärte uns, dass die Fahrt nach Utrecht eineinhalb Stunden dauern würde – kein Wunder bei einem überladenen Kleinbus: Er nahm elf Personen mit –, und das in einem Bus, der nur neun befördern darf (über weitergehende rechtliche Schritte denke ich noch nicht nach).
19) Mit der zeitraubenden Tour von der Autobahn nach Arnhem Bahnhof und wieder zurück war es dann schließlich 1.30 Uhr, als wir in Utrecht Bahnhof ankamen. Wir hätten also locker den Nachtzug um 2.04 Uhr erreicht, mit dem wir um 3.30 Uhr in Den Haag gewesen wären: mehr als fünf Stunden nach unserer geplanten Ankunft und weit davon entfernt, zur Ruhe zu finden.
20) Wir entschieden also, ein Taxi zu nehmen – in der Annahme, dass die Bahn angesichts dieser allein von ihr verschuldeten Vorgänge die Kosten schon übernehmen würde. Ich handelte den Listenpreis von hundertzwanzig Euro auf neunzig Euro herunter – immerhin.
21) Um 2.30 Uhr konnten wir so unsere vergnügliche Weihnachtsheimreise in Den Haag beenden.
22) Sicherlich können Sie anführen, dass wir sowohl in FFM Flughafen als auch in Köln hätten aussteigen können (und in beiden Fällen noch die letzte Zugverbindung via Venlo erreicht hätten), aber der Zugchef empfahl uns nun mal eine andere Lösung (s. Punkt 6), und wir folgten seinem Rat – unglücklicherweise.

Mir ist bekannt, dass es bis dato (Änderung in 2003?) lediglich ein Entgegenkommen der Bahn ist, Reisenden, die nicht mehr am selben Tag (wie der kalkuliert wird, bleibt Ihr Geheimnis) an ihren Zielort gebracht werden können, eine Hotelübernachtung oder wahlweise die Taxikosten zu erstatten. In unserem Fall wurde eine Lösung gefunden, die das Prädikat »Ankunft am selben Tag« nun wirklich nicht verdient. Ich hoffe also dringend, dass Sie mir die Notwendigkeit der Taxi-Beförderung zugestehen, und bitte Sie um Überweisung von neunzig Euro auf mein Konto-Nr. ...
Quittung und Fahrkarten inkl. Platzreservierung anbei.

Mit freundlichen Grüßen
Ingeborg Niestroy

Nachtrag:
Frau Niestroy bekam die Taxirechnung von der Bahn erstattet.

Nachwort

Sicher haben Sie es schnell gemerkt: Wir fahren eigentlich gern mit dem Zug. Aber wir hassen schlechtes Bahn-Management. Und so ist dieses Bahnhasser-Buch tatsächlich ein Plädoyer für und nicht gegen die Bahn. Denn wir brauchen gut funktionierende moderne und kundenfreundliche öffentliche Nahverkehrsmittel – um unsere Mobilität zu erhalten und gleichzeitig die Umwelt zu schonen. Ja, wir brauchen eine moderne *Deutsche Bahn AG,* und wir brauchen daneben weitere moderne Bahnen. Um das zu erreichen, kommt es letztlich auf die Kunden an. Sie sind aufgerufen, ihre Vorstellungen, ihr Lob, aber auch ihre Kritik einzubringen. Demokratie heißt schließlich auch, dass sich die Bürgerinnen und Bürger nicht alles gefallen lassen – Demokratie muss gelebt werden, soll sie ihren Zweck erfüllen.
Hoffen wir also, dass sich vieles zum Besseren wendet. Damit aus den Bahnhassern schon bald wieder Bahnfreunde werden können. Bleiben wir also dran am Thema, denn sonst ist der Zug bald abgefahren!

Machen Sie Ihrem Ärger Luft!
Ihr Forum für Bahnhasser:

www.bahn-hasser.de
www.bahnhasserbuch.de

Dank

Wir danken allen, die uns beim Zustandekommen des Buches hilfreich zur Seite standen und uns geduldig – obwohl als Bahnkunden oft entnervt – ihre Erlebnisse schilderten, sowie denjenigen, die mit viel Sachverstand bei der Recherche behilflich waren, insbesondere Rainer Engel von *Pro Bahn e.V.*, Dr. Felix Berschin vom *Verkehrsclub Deutschland* (VCD) und Uli Noll, Stuttgart.
Für vielfache Hilfe und Unterstützung danken wir Ilse Koller, Elke Böder und Markus Wegst.
Ein besonderer Dank geht an den Verlag sowie an Jürgen Bolz für die redaktionelle Zusammenarbeit und das Lektorat.
Auch all den anderen, die uns Hinweise und Tipps gaben, jedoch nicht genannt sein wollen, weil sie sonst Schwierigkeiten bekommen könnten, sind wir zu Dank verpflichtet.

München, im September 2003
Claus-Peter Hutter
Traugott Markert
Lutz Ribbe

Und die Post?

Na, haben Sie auch Ärger, weil Postsendungen verspätet ankommen oder im nirgendwo verschwinden?

Die Briefkästen sind abmontiert, im Postamt werden Schreibwaren verkauft, die Pakete bringt jetzt DHL, und wer sich aufs Postamt wagt, um dort seinen Brief loszuwerden, muss stundenlang Schlange stehen. Wenn es denn überhaupt noch ein Postamt gibt und nicht nur eine ahnungslose Kassiererin im Supermarkt, die zwar weiß, was ein Glas Spreewaldgurken kostet, aber nicht, wie viel Porto auf den Brief nach Übersee gehört.

Machen Sie Ihrem Ärger Luft. Vielleicht kommt Ihre Geschichte ins Posthasser-Buch®, das auch bei Knaur erscheint.

Das aktuelle Forum für alle Posthasser:

www.post-hasser.de
www.posthasserbuch.de

Volker Angres
Claus-Peter Hutter
Lutz Ribbe

Futter fürs Volk – Was die Lebensmittelindustrie uns auftischt.

Mit 700 Serviceadressen

397 Seiten

Ein Lebensmittelskandal jagt den anderen. Durch die industrielle Massenproduktion wird unsere Nahrung nicht besser, sondern schlechter. Fertigprodukte, gentechnische Wunder aus den Laboratorien der Lebensmittelkonzerne, selbstkochende Nudelsuppen – alles ist billiger und bequemer als je zuvor. Doch wir zahlen einen hohen Preis dafür: unsere Gesundheit.
Das Handbuch für alle, die wissen wollen, wie man sich heute noch gut und gesund ernähren kann!

»Ein Buch gegen das Mittagessen aus der Mikrowelle
und für eine naturnahe Ernährung.
Seriös recherchiert und leidenschaftlich geschrieben.«
Berliner Morgenpost